"十四五"职业教育国家规划教材　　职业院校新能源汽车专业通用教材

XIN NENG YUAN QI CHE GAI LUN

新能源汽车概论

(微课版)

组编　上海景格科技股份有限公司
主编　刘 淼　习 璐

华东师范大学出版社
·上海·

图书在版编目(CIP)数据

新能源汽车概论/刘淼,习璐主编;上海景格科技股份有限公司组编.—上海:华东师范大学出版社,2021
ISBN 978-7-5760-1204-0

Ⅰ.①新… Ⅱ.①刘…②习…③上… Ⅲ.①新能源-汽车-职业教育-教材 Ⅳ.①U469.7

中国版本图书馆CIP数据核字(2021)第064376号

新能源汽车概论

组　　编	上海景格科技股份有限公司
主　　编	刘　淼　习　璐
责任编辑	李　琴
特约审读	李秋月
责任校对	张　筝　时东明
装帧设计	庄玉侠
出版发行	华东师范大学出版社
社　　址	上海市中山北路3663号　邮编 200062
网　　址	www.ecnupress.com.cn
电　　话	021-60821666　行政传真 021-62572105
客服电话	021-62865537　门市(邮购)电话 021-62869887
地　　址	上海市中山北路3663号华东师范大学校内先锋路口
网　　店	http://hdsdcbs.tmall.com
印　刷　者	上海市崇明县裕安印刷厂
开　　本	787毫米×1092毫米　1/16
印　　张	9.5
字　　数	183千字
版　　次	2021年4月第1版
印　　次	2024年8月第10次
书　　号	ISBN 978-7-5760-1204-0
定　　价	32.00元
出版人	王　焰

(如发现本版图书有印订质量问题,请寄回本社客服中心调换或电话021-62865537联系)

内容简介 NEI RONG JIAN JIE

  传统能源的使用,在全球已经引发了严重的环境问题和能源危机。在此背景下,日益严格的汽车排放标准促进了安全、环保、节能车辆的迅猛发展,开发低污染或零污染的绿色汽车,特别是以混合动力电动汽车、纯电动汽车和燃料电池电动汽车为代表的新能源汽车已经成为当今汽车工业未来的发展方向。新能源汽车技术专业的学生有必要掌握节能与新能源汽车方面的基本知识,为后面新能源汽车技术专业知识和安全规范操作技能的学习打下强有力的基础。

  本教材以介绍新能源汽车的发展历程、类型、核心技术为目标。为了达到这一目标,本教材以知识普及的形式讲解了新能源汽车的发展历史、现状及未来趋势;以案例教学法的形式详细讲解、分析了新能源汽车的类型;从专业的角度讲解了现代新能源汽车的核心技术、新能源汽车类型和主流车型的技术特点。同时,为了方便教材的应用,还匹配了与教材实训任务完全对应的学习工作页,大大提高了应用的可行性。

  本教材主要参考新能源汽车国家标准规范和维修手册进行编写,分为三个项目,主要介绍了新能源汽车发展史、新能源汽车类型、新能源汽车核心技术的相关知识。

  本教材可作为职业院校新能源汽车技术等相关专业教学用书,也可作为汽车技术人员培训教材,汽车维修人员和汽车技术爱好者亦可用于自学。

前言 QIAN YAN

党的二十大报告提出,要实施全面节约战略,发展绿色低碳产业,绿色发展战略升级,并提出"积极稳妥推进碳达峰碳中和"目标。新能源作为现代化产业、经济增长新引擎被提出。新能源汽车作为新能源产业的重要组成部分,是我国重要战略新兴产业,对实现碳达峰碳中和目标具有重要的作用。2022年7月国务院印发了《新能源汽车产业发展规划(2021—2035年)》,"三纵三横"研发布局为我国新能源汽车产业发展搭建了强有力的技术底座,也为我国新能源汽车发展指明了方向,提出了更高要求。发展新能源汽车产业,是汽车产业高质量发展的必然选择。

根据《国家中长期教育改革和发展规划纲要》的精神,为推进职业教育课程改革和教材建设进程,我们依据理实一体化课程改革理念,以工作任务为课程设置与内容选择的参照点,以任务为单位组织内容并以任务活动为主要学习方式,开发、编写了新能源汽车技术专业的系列课程教材。《新能源汽车概论》既是新能源汽车各专业必修基础课程教材之一,也是上述系列课程教材之一。

本系列课程教材与项目课程教学包的设计和编制同步进行,是项目课程教学包的配套教材。

本项目课程教材的主要特色有:

◆ **以实践为主线**

教材编写的宗旨是培养以就业为导向、以职业为载体的学生全面发展。一切教学任务来源于实际工作过程中的典型生产任务,颠覆理论为主、实践为辅的传统教学模式,将纯理论课程与实际车型相关联,增加可实践操作内容,理论知识够用即可。

◆ **以互动性为基础**

本教材为融合创新立体化教材,它以独具魅力的纸质教材为核心,借助移动互联网,通过扫描二维码实现纸质教材与移动端数字化资源的瞬间连接,将教材配套的数字化资源与纸质教材内容充分融合,益教易学。

◆ **以资源库为支撑**

资源库中含有内容丰富、数量充足、知识全面的素材,分为理论教学、结构认知和实操演示三部分,教材的编写引用大量的多媒体素材,条理清晰、内容全面。

◆ **以实用性为原则**

教材的编写以工作过程为线索,形成以项目实施为主体思路、理论与实际相结合、专业教学标准与职业资格标准相融合的系列课程教材。教材任务与实际的典型工作任务相吻合,具有很强的实用性。

本系列课程是校企合作共同开发的课程,适应各地学校新能源汽车技术等相关专业教学。希望各校在选用本项目课程教材实施教学的过程中,及时提出意见和建议,以便在修订时改正和完善。

编者
2023.08

目录 MU LU

▶ 微课视频

新能源汽车发展史 / 2

项目一　了解新能源汽车发展史　1
　　项目描述　1
　　学习目标　2
　　任务一　了解新能源汽车发展历史　3
　　　　传知解惑　3
　　　　思考与练习　13
　　任务二　了解国内外新能源汽车发展现状及趋势　15
　　　　传知解惑　15
　　　　思考与练习　24

▶ 微课视频

纯电动汽车组成 / 29
电机驱动系统组成 / 29
电源系统组成 / 34
混合动力汽车基本组成 / 44
混合动力汽车电机及控制系统组成 / 45
混合动力汽车动力电池及管理系统组成 / 45
氢燃料电动汽车基本原理 / 65
太阳能电动汽车简介 / 80

项目二　认识新能源汽车类型　27
　　项目描述　27
　　学习目标　27
　　任务一　认识纯电动汽车　28
　　　　传知解惑　28
　　　　授之以技　37
　　　　思考与练习　41
　　任务二　认识混合动力汽车　43
　　　　传知解惑　43
　　　　授之以技　56
　　　　思考与练习　61
　　任务三　认识氢燃料电池汽车　63
　　　　传知解惑　63
　　　　授之以技　71
　　　　思考与练习　73

任务四	认识其他新能源汽车	76
	传知解惑	76
	思考与练习	87

项目三　熟知新能源汽车核心技术　　89

项目描述		89
学习目标		89
任务一	了解新能源汽车储能装置	90
	传知解惑	90
	授之以技	103
	思考与练习	108
任务二	了解新能源汽车电机驱动系统	109
	传知解惑	109
	授之以技	114
	思考与练习	118
任务三	熟知新能源汽车能量管理与回收系统	119
	传知解惑	119
	授之以技	126
	思考与练习	127
任务四	掌握新能源汽车充电技术	129
	传知解惑	129
	授之以技	140
	思考与练习	142

▶ 微课视频

电机驱动系统组成 / 109
电机工作原理 / 116
驱动电机控制器工作原理 / 117
减速器工作原理 / 117
电驱冷却系统原理 / 117
能量管理与回收系统功用 / 120

项目一　了解新能源汽车发展史

项目描述

随着石油资源的日益匮乏,环境压力也在不断增大,大气污染、全球变暖越来越严重。试想,50年后,如果汽车还在使用传统的燃油,我们的生活将会变成什么样?

新能源汽车发展史

　　发展新能源汽车已经成为国家战略发展的重要方向。《2020—2025年中国新能源汽车行业市场前瞻与投资战略规划分析报告》分析认为,与其他国家相比,我国具备发展新能源汽车的优势。我国人口众多、资源分布丰富,经济发展较快,而汽车拥有量却相对来说较少,新能源汽车的潜在市场空间巨大;同时拥有良好的国际国内环境,技术上具备好的基础,前期规范与国外发展经验可以为我国新能源汽车的发展提供有益的借鉴。

　　新能源汽车逐渐走进我们的生活,不论厂商还是媒体,对电动汽车、混合动力等新能源车的宣传铺天盖地而来的时候,我们不禁要思考,新能源汽车是什么时间出现的呢?它的技术手段是否成熟呢?又有着怎样的发展前景呢?在本项目中这些疑问将一一被解开。

学习目标

◇ 了解新能源汽车的发展时间轴;
◇ 掌握新能源汽车的发展趋势。

任务一　了解新能源汽车发展历史

新能源汽车的种类从最初的纯电动汽车发展到今天多种类型的新能源汽车经历了漫长的过程,在世界发展史上,电动汽车的发明比内燃机汽车还要早。因此新能源汽车也是最古老的汽车之一。

一、国外新能源发展历程

(一)诞生在法国的第一部电动汽车

1881年,在法国巴黎这个以浪漫著称的城市,正在热闹地举办国际电力博览会,在这个展览会上,法国发明家特鲁夫(Gustave Trouve)演示了由他自己组装的第一辆电动三轮车(见图1-1),一时间震惊四座。电动汽车的开发与生产由此在世界范围内兴起,在当时的交通运输中发挥着不可忽视的作用。

图1-1　第一辆电动汽车

1894年,美国费城人佩德罗·萨罗姆(Pedro Salom)和亨利·G.莫里斯(Henry G. Morris)申请了一项电动汽车专利。他们创造了一辆名为Electrobat的电动车,采用了充气式轮胎以及更轻的材料;后轴装配了两个1.1 kW的电机,从而使这辆车最高车速达到20 mile/h (1 mile/h≈1.6 km/h),续驶里程25 mile(1 mile≈1.6 km)。这辆车甚至在1896年的一场

"汽油车 VS 电动车"的 5 km 竞赛中获得了胜利。之后二人合办了最早的电动汽车制造厂，是一家拥有电动客车和电动货车产品的公司。

早期最大的电动汽车制造厂波普制造公司(Pope Manufacturing Company)截至 1898 年底生产出大约 500 辆 Columbia 型电动汽车。最为典型的是法国 BGS 公司在 1899—1906 年生产的几种不同类型的商用电动汽车，如图 1-2 所示。

图 1-2　早期的几种商用电动汽车

BGS 公司的汽车是采用专门设计的车用动力蓄电池，所以在 1900 年以前，BGS 公司一直保持着世界电动汽车续驶里程的最高纪录，其续驶里程约达 290 km。进入无马车时代以后，电动汽车进入了一个商业化的发展阶段，到 1912 年，美国已注册有 34 000 辆电动汽车。1907—1938 年，底特律电气公司生产的电动汽车不仅具有无噪声、清洁可靠的优点，而且最高车速达到 40 km/h，续驶里程达到 129 km。然而，随着内燃机的发明及其在汽车中的应用，打破了电动汽车在市场上的主导地位，燃油汽车的价格和性能逐渐在很大程度上优于电动汽车。燃油汽车受到追捧，而电动汽车的人气逐渐下滑。直到 20 世纪 30 年代，电动汽车彻底走入冰点，陷入到了沉睡时期。

（二）石油引发的思考

1973 年 10 月，第四次中东战争爆发，石油输出国组织(OPEC)为了打击对手以色列及支持以色列的国家，宣布石油禁运，暂停出口，造成油价上涨。当时原油价格曾从 1973 年的每桶不到 3 美元涨到超过 13 美元,造成 20 世纪下半叶三大石油危机之一(见图 1-3)。油价的不断暴涨,触发了包括美国与欧洲在内的整体的经济衰退。此时的美国意识到如果继续依赖进口石油,在国家安全和国民经济上将继续受到威胁。为了避免再次受到石油危机的冲击,各个国家开始重视对电动汽车的研究和开发。另一方面,20 世纪五六十年代,在美国的一些大城市相继出现因为汽车尾气对大气环境造成严重污染而引起的光化学烟雾危害事件。特别是在芝加哥,如图 1-4 所示的光化学烟雾笼罩城市上空长期不散,造成了严重公害,影响了芝加哥市民的健康,从而引起了科学家和美国政府的关注。1976 年 7 月,美国国会通过《电动汽车和复合汽车的研究开发和样车试用法令》,以立法的形式,采用政府资助和财政补贴等手段加速发展电动汽车。

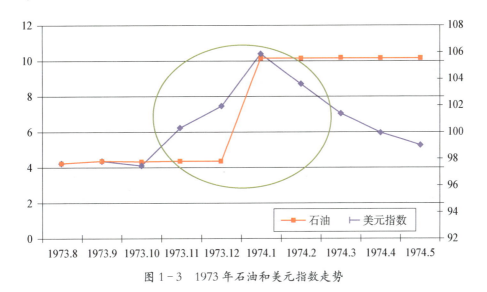

图 1-3　1973 年石油和美元指数走势

图 1-4　光化学烟雾笼罩的芝加哥

美国通用汽车公司于1966年推出Electrovair,并先后于1968年推出Electrovan、于1969年推出Series 512和于1979年推出Electrvelt(见图1-5)。20世纪60年代初,福特公司开始涉及现代电动汽车的研发,并先后生产出Comuta、EscnolineVan、EXT-Ⅰ和EXTⅡ等型号的电动汽车。日产汽车公司从1970年开始进行电动汽车的基础性工作,并于1970年推出第一辆电动汽车概念车City,1976年推出EV-4,1983年推出March EV,1987年推出March EVⅡ,到1998年推出电动清洁车。菲亚特汽车公司开始研发一整套电动汽车生产技术,并于1974年开发出第一辆实验性电动汽车Xl/23,1978年与宾尼法利纳联合生产出城市汽车Ecos。日本丰田汽车公司从1971年开始研制电动汽车,1983—1989年,研制出EV-lO-EV-40系列电动汽车。由于20世纪70年代末期石油的大量勘探及燃油汽车价格的不断下降,在电动汽车成为商品化产品以前,发展速度缓慢。

图1-5 美国通用推出的汽车

(三)新能源汽车界的百花齐放

如果说新能源汽车的起源是人类智慧的体现,那么新能源汽车发展的过程可谓是一波三折,也不得不说新能源汽车的发展也是人类思想发展的一个体现。在人们越来越重视自身生活质量的同时,对身边的环境也多了许多关爱。1990年,美国加利福尼亚州大气资源局颁发了对汽车的排放标准后,一些国家和地区也开始实行严格的排放法规,在燃油汽车和电动汽车同时出现在人们身边的时候,人们认为电动汽车是符合零排放标准的唯一可用的技术,使得电动汽车在世界范围内都得到了全面发展。因面临能源和环境的压力,国外著名汽车公司都十分重视研究开发电动汽车,发达国家不惜投入巨资进行研究开发,并制定了一些相关的政策、法规来推动电动汽车的发展。

美国通用汽车公司于1990年生产出第一辆定型的电动汽车Impact,Impact的道路试验证明电力驱动技术对于生产实用化的电动汽车是切实可行的,其性能能够与当时的燃油汽车相媲美;通用汽车公司之后还成功推出双轴驱动混合动力汽车Precept和液态氢燃料电池汽车Zafira。2002年,通用汽车公司成功推出了代表未来燃料电池汽车的"氢动三号","氢动三号"已经达到了通用汽车和欧宝品牌的商业化生产指标,它不仅率先实现了氢燃料电池汽车在普通道路上便捷地行驶,更使未来汽车向着批量生产的目标进一步靠近。福特汽车公司于 1995 年把 103 辆 Escost 电动汽车投入运行,行驶里程共计 80 万 km,同时生产出运动型混合动力汽车 Escape 和压缩氢燃料电池汽车 P2000。

日产汽车公司于 1994 年开始在国内销售四座 CredricEV 电动汽车供政府机构使用,最近展示的混合动力汽车 Tino 已经开始在日本销售。法国雪铁龙汽车公司在 1990 年开发了标致 J5 和雪铁龙 C25 公用型电动汽车,并投入市场;1995 年推出了标致 106 和雪铁龙 AX 电动汽车并投放市场;此后推出的 Tulip 电动汽车被认为代表了新概念的市区电动汽车,可用于市区的出租运营。菲亚特汽车公司于 1990 年成功推出城市用实用型电动汽车 PansaElettra,并对外销售;目前正在研制混合动力汽车和燃料电池汽车,并已推出了内燃机主动型的混合动力汽车 Multipla。日本本田公司于 2000 年推出内燃机主动型的混合动力汽车 Insight[见图 1-6(a)],并投入市场,被认为是燃油经济性最好的混合动力汽车,截至 2011 年全球销量突破 80 万辆。日本丰田汽车公司于 1995 年成功开发了实用的混合动力汽车普锐斯[见图 1-6(b)],并于 1997 年投入市场销售。截至 2004 年底,普锐斯系列混合动力汽车销售已突破 12 万辆,到 2011 年底,全球销量突破 200 万辆,在混合动力汽车领域走在了前列。最近,丰田汽车推出一种新型的 Post-Prius 混合动力系统 THS-C,前轮采用混合动力驱动,后轮采用电力驱动,采用这款动力系统的车型被认为是混合度最高的车型之一。

(a) 本田 Insight 混合动力汽车　　　　　(b) 丰田普锐斯混合动力汽车

图 1-6　典型混合动力汽车

世界著名的汽车制造商纷纷加入新能源汽车制造的阵营,如通用、奔驰、福特、丰田等,在不断推出新的传统汽车品牌的同时,都投入大量的人力物力,发展电动汽车。不仅如此,国外企业也纷纷组成强大的跨国联盟,以期达到优势互补的目的,如日本丰田公司与美国通用公司、日本东芝公司与美国国际燃料电池公司、德国宝马公司与西门子公司的合作等。大家携力同行,让电动汽车的发展快速且高效,为改善人类赖以生存的环境共同努力。

二、国内新能源发展历程

与国外的电动汽车蓬勃发展相比较,我国的电动汽车发展起步较晚,但起点高,特别是20世纪90年代以来,随着国家对电动汽车产业的大力扶持,我国的电动汽车产业得到长足发展和进步。

(一) 新能源汽车的百家争鸣

1987年,我国成立了中国电工技术学会电动车辆专业委员会,统筹规划了我国电动车辆单元技术的研究、开发,组织单元器件的分工配套生产和电动车辆整车的试制和试验工作,并试制出我国第一批电动车辆。1994年,清华大学成功研制出轻型电动厢式客货车,最高车速达80 km/h,续驶里程达到160 km。国防科工委研制的YW6120DD型大客车,最高车速为90 km/h,续驶里程150 km,其样车在香港公交巴士公司运行。1993年,香港大学研制出U2001电动汽车,最高车速达到110 km/h,续驶里程为176 km。

"十五"期间,在国家科技部863计划电动汽车重大项目支持下,我国汽车生产企业纷纷研发成功各种电动汽车样车。奇瑞汽车有限公司在奇瑞轿车平台上,于2003年推出QR和ZC7050A两款电动轿车,纯电动轿车ZC7050A采用高速和低速两种CAN通信网络系统,高低速CAN网络之间采用网关交换,续驶里程达到308 km。天津一汽集团公司研制的"夏利纯电动汽车"最高车速达到120 km/h,续驶里程超过230 km。

东风汽车股份有限公司联合湖北省各大高校和科研院所联合承担EQ7200HEV、EQ61100HEV两个电动汽车项目,其中EQ7200HEV(见图1-7)采用自控式自动变速器和燃油内燃机与电机的并联方案,配置永磁无刷电机和镍-氢电池,整车质量不超过1 320 kg,最高车速高于160 km/h,0~100 km/h加速时间小于13 s,最大爬坡度超过25%,整车排放达到欧Ⅲ标准。

图1-7 东风EQ7200HEV

长安集团联合高校和科研单位开发的集成起动机/发电机的混合动力轿车,最高车速达到 160 m/h,加速性能与同档次汽车相当,续驶里程超过 500 km,最大爬坡度超过 25%,燃油消耗降低了 30% 以上,整车排放达到欧Ⅲ标准。

上海燃料电池汽车动力系统有限公司联合上海汽车集团总公司、同济大学共同承担国家燃料电池轿车项目,已研制出超越系列燃料电池轿车、春晖系列四轮驱动轿车、登峰系列混合动力轿车等三种系列化车型。其中,"春晖一号"采用四轮驱动技术,配备锂离子电池和氢燃料电池发动机两种动力,续驶里程达到 150 km,最高车速超过 50 km/h;"春晖三号"(见图 1-8)属于线控转向四轮驱动的微型概念车,由四个无刷直流轮毂电机独立驱动,采用了由锂离子动力电池和小功率燃料电池构成

图 1-8 春晖三号

的电-电混合动力系统和自主开发的单片机控制的四轮电子差速控制策略,纯电动模式续驶里程可以达到 80 km。混合动力汽车"登峰一号"采用并联式混合驱动系统,将传统燃油内燃机与直流无刷轮毂电机共同作为动力源,通过总控制器协调各控制器使汽车工作在最佳工况,达到节能和降低排放的目标。超越系列燃料电池轿车采用氢燃料电池和锂离子电池的电-电混合模式,"超越 2 号"在 2004 年上海国际赛车场举行的"比比登"挑战赛中取得了五项 A 级的佳绩,其 0~100 km/h 加速时间为 24.8 s,最高车速为 118 km/h,最大爬坡度超过 20%,续驶里程超过 200 km,燃料经济性为 12.08g/km;"超越 3 号"燃料电池轿车更是在整车性能、可靠性等方面较"超越 2 号"都有了全面的提高,其 0~100 km/h 加速时间为 19.6 s,最高车速为 123 km/h,最大爬坡度超过 20%,续驶里程超过 230 km,燃料经济性为 10.8 g/km。

(二) 新能源汽车的急速前进

2006 年开始,在国家科技部 863 节能与新能源汽车重大专项的持续支持和国家多重好政策的影响下,以主要汽车企业为代表,我国电动汽车开始全面发展。

一汽集团在奔腾 B70 的基础上,进行混合动力化的技术研究,将原来的纵置内燃机总成改成横置内燃机总成,采用了横置内燃机的油-电混合方式,动力系统采用双电机方案,混合度为 40/103,属于全混合(full-hybrid,亦称重混合)构型,取得了 42% 的节油效果。一汽解放牌 CA6100HEV 混合动力城市客车具有纯电动驱动、内燃机单独驱动、联合驱动、电机起动内燃机和滑行再生制动五种基本工作模式,该混合动力客车动力性和经济性达到国内领先水平,比传统客车节油 38%,排放降低 30%。继 2008 年为北京奥运会提供了 12 辆混合动力客车和 6 辆混合动力轿车进行示范运行后,2009 年分别为大连、长春提供 150 辆和 100 辆混合动力客车。2012 年,奔腾混合动力轿车初步形成批量生产能力。

东风汽车集团通过国家项目投资和自主投入,逐步完成了混合动力轿车、混合动力客车开发。如图 1-9 所示,EQ7200HEV 混合动力轿车以 EQ7200-Ⅱ车型(风神蓝鸟轿车)为基础,采用电控自动变速器与创新型并联机电耦合的方案,配置直流永磁无刷电机和镍-氢电池,整车成本比 EQ7200 轿车增加幅度不超过 30%。如图 1-10 所示,EQ6120HEV 混合动力客车采用开关磁阻电机、康明斯 ISBe150 四缸共轨电喷柴油机、全新设计的车身底盘系统、电控自动变速器和创新型并联机电耦合方案,已经初步具备批量生产能力。

图 1-9 东风 EQ7200-Ⅱ车型

图 1-10 宇通 EQ6120HEV 车型

上汽集团以混合动力汽车为重点,兼顾纯电动汽车和燃料电池汽车发展。2010 年上海世博会期间,上汽投放 150 辆混合动力汽车在世博越江专线上运行。如图 1-11 所示,荣威 750 中度混合动力轿车采用 BSG 系统(带传动的起动发电一体机),具备"智能停机零排放"和"环保与动力性兼备"两大突出特点,最高车速为 205 km/h,续驶里程达 500 km,综合节油率 20%左右。在混合动力客车开发方面,如图 1-12 所示的"申动 1 号"混合动力客车采用并联式混合动力汽车驱动方案,使混合动力汽车在纯电动工况下空调、转向、制动等附件仍然能够正常工作而无须另加电动系统,同时利用超级电容,提高起动功率和制动能量回收效率,从而提高整车动力性能、降低燃油消耗。2011—2012 年,上汽荣威 550 中度混合动力轿车、E50 纯电动轿车先后上市,标志着上汽新能源汽车的全面发展。

图 1-11　荣威 750 车型

图 1-12　"申动 1 号"车型

长安汽车在中度油-电混合动力汽车、强度油-电混合动力汽车等技术领域均有探索。长安首款混合动力轿车长安杰勋 HEV(见图 1-13)已于 2009 年 6 月成功上市,首批 20 辆长安志翔混合动力出租车在重庆投入运行。杰勋混合动力轿车的动力系统由长安自主研发的 1.5 L 高效内燃机和 13 kW 永磁同步无刷电机组成,续驶里程大于 500 km,整车动力水平和 2.0 L 汽油内燃机相当,整车油耗降低 20% 以上;中度混合动力志翔轿车百公里综合油耗 6.6 L 左右,排放达到国Ⅳ标准。强混合动力轿车搭载志翔平台,采用峰值功率

图 1-13　长安杰勋 HEV 车型

25 kW 的永磁同步电机及其控制系统,已经完成多轮样车开发,目前正在产品化开发阶段。

比亚迪汽车遵循"自主研发、自主生产、自主品牌"的发展路线和"掌握核心技术、产业垂直整合"的发展战略,以双模混合动力汽车过渡、纯电动汽车为目标。比亚迪 F6DM(见图 1-14)双模电动汽车采用 ETPOWER 铁动力电池,安全性能稳定,该车充电一次可行驶 430 km,最大功率 200 kW,最高车速 160 km/h,百公里耗电 15 kW·h。比亚迪 F3DM(见图 1-15)双模电动汽车搭载 BYD371QA 全铝内燃机,功率达到 50 kW,加上 75 kW 的电机,输出总功率达 125 kW,达到排量为 3.0 L 内燃机的动力输出水平;在纯电动模式下,F3DM 双模电动汽车实现目前世界上最长的续驶里程 100 km,最高车速可达 150 km/h,一次充满油和电,总续驶里程可达 500 km 以上。

图 1-14 比亚迪 F6DM 车型

图 1-15 比亚迪 F3DM 车型

节能与新能源汽车已成为国际汽车产业的发展方向,未来10年将迎来全球汽车产业转型升级的重要战略机遇期。2012年初,国务院正式颁布《节能与新能源汽车产业发展规划(2012—2020年)》(以下简称《规划》),《规划》以纯电驱动为汽车工业转型的主要战略取向,当前重点推进纯电动汽车和插电式混合动力汽车产业化,推广普及非插电式混合动力汽车、节能内燃机汽车,提升我国汽车产业整体技术水平。《规划》的目标是:新能源汽车、动力电池及关键零部件技术整体上达到国际先进水平。

思考与练习

一、选择题

1. 在( ),法国发明家特鲁夫(Gustave Trouve)演示了由他自己组装的第一辆电动三轮车。
   A. 1881年　　　　　　　　　　　B. 1894年
   C. 1835年　　　　　　　　　　　D. 1834年

2. 在1896年的一场"汽油车VS电动车"的5 km竞赛中获得了胜利的是( )。
   A. ElectrveIt　　　　　　　　　　B. Columbia
   C. Comuta　　　　　　　　　　　D. Electrobat

3. 日本本田公司于2000年推出内燃机主动型的混合动力汽车( ),并投入市场,被认为是燃油经济性最好的混合动力汽车。
   A. Multipla　　　　　　　　　　　B. Insight
   C. Post-Prius　　　　　　　　　　D. PansaElettra

4. 承担国家燃料电池轿车项目的是:上海燃料电池汽车动力系统有限公司联合上海汽车集团总公司和( )。
   A. 湖北省各大高校　　　　　　　B. 清华大学
   C. 国防科工委　　　　　　　　　D. 同济大学

5. 2010年上海世博会期间,上汽投放150辆混合动力汽车在世博越江专线上运行的是哪款电动车?( )。
   A. 申沃电动客车　　　　　　　　B. 申新动1号
   C. 上汽荣威550中度混合动力　　D. 春晖三号

二、排序题

请写出下列新能源汽车的出现年份,并按照发展顺序,将下列图片排列:

新能源汽车概论

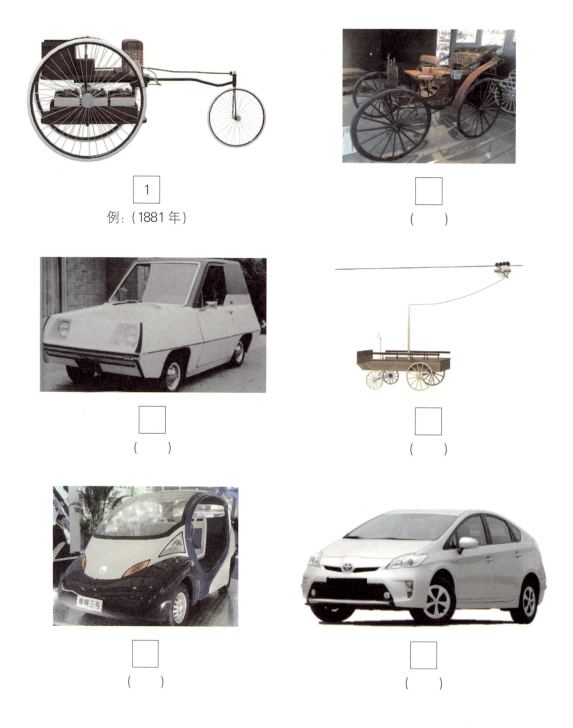

例：(1881年) 1

任务二　了解国内外新能源汽车发展现状及趋势

与任何新技术的出现一样,新能源汽车的发展也经历了一个从无到有、从鲜为人知到逐渐普及的过程。从1881年世界上第一辆电动车的问世,到后面的电动汽车落地生产,再到现在的各种电动车被大众所认可,人们对新能源技术在汽车领域应用的研究从未中断,正是这种"不忘初心"的精神和韧性,让新能源汽车从星星之火到燎原之势,成为汽车社会中不容忽视的领域。

一、国外新能源汽车发展现状

（一）欧洲新能源汽车发展现状

1. 重视生物燃料的开发应用

欧洲历来重视节能和减排,欧盟委员会于2007年公布了"新欧洲能源政策",目标是2020年将温室效应汽车排放量降低20%,将可再生资源的比例提高到20%,同时将今后7年欧盟能源领域的研究开发预算提高50%。

2. 清洁柴油车发展迅速

凭借欧洲汽车厂商在柴油内燃机上强大的技术优势,欧洲在清洁柴油乘用车方面发展最为迅速。目前,柴油车在乘用车总销量中的比重已超过50%。

3. 欧洲各国政府大力支持

除欧盟委员会外,欧洲各国政府也根据本国情况制定了大量的政策和措施,旨在推动新能源汽车的开发和消费,见表1-1。

表1-1　欧洲国家新能源汽车政策

国家	新能源汽车政策
英国	政府向"低碳汽车项目"投资3亿英镑以支持新能源汽车的发展;2007年修改汽车保有税税制,按单位距离CO_2排放量进行有区别的征收,低公害车辆优惠税率为零,高公害车辆可达30%

(续表)

国家	新能源汽车政策
法国	早在1995年政府就制定了支持电动汽车发展的优惠政策,对每购买一辆电动汽车提供最高1.5万法郎的补贴;2008年10月总统萨科齐宣布政府将投入4亿欧元,用于研发和制造清洁能源汽车
德国	德国在税收法中对汽车替代燃料实施了一些优惠政策,2010年时,每年的税收补助达到30亿欧元,2020年达到50亿欧元
瑞典	瑞典政府向购买清洁动力车的消费者提供购车折扣,政府在2007年提供5千万瑞典克朗、2008年1亿瑞典克朗、2009年1亿瑞典克朗的折扣补贴
荷兰	在商用车领域,为了激励用户购买达到欧V标准或者更加严格的增强型环境友好汽车标准(EEV)的汽车,政府计划投入700万~4400万欧元的补贴

知识链接

氢动力发动机的先行者

宝马是氢动力发动机车型研究的先行者,早在2004年宝马所研发的H2R赛车就在法国南方小镇Miramas高速赛道创造了9项世界纪录。其搭载一台6.0 L V12氢动力发动机,最高车速达到了300 km/h以上,0~100 km/h加速时间被严格地控制在了6 s以内。有了H2R赛车成功的先例,宝马就坚定了继续研发氢动力发动机车型的信心。在2007年,其向外界推出了7系氢动力车型,该车型搭载一台6.0 L V12氢动力发动机,最大功率为260 hp(1 hp=745.700 W),最大转矩为390 N·m。这个数据同汽油内燃机车型的445 hp相比还是存在一定的差距,但是260 hp的动力也已经非常具有优势,毕竟零排放才是其真正的杀手锏。这台内燃机是基于宝马760i的内燃机改进而来,按照双模式驱动的要求,在汽油模式下燃油通过直接喷射供应,同时在内燃机进气系统中集成了氢供应管路。这台内燃机的关键技术是喷射阀体需要提供相应的燃料/空气混合气体,在很短的时间内将适量的氢气送入进气当中。在解决这一难题的过程中,宝马内燃机所具有的Valvetronic电子气门和Double-VANOS双凸轮轴可变气门正时系统起到至关重要的作用。虽然具有最为先进的技术,但是高昂的研发费用使得这款车的价格不菲,宝马目前只生产了100辆氢动力7系车型通过特殊的营销渠道供应给消费者。

（二）美国新能源汽车发展现状

在历史上很长一段时间，美国汽车市场需求以大排量、大空间、高舒适性为鲜明特点。但随着汽车普及，美国政府逐渐意识到道路交通领域所带来的能源消耗和环境污染问题不容忽视，同时考虑提高美国汽车产业国际竞争力，美国联邦和部分州政府开始注重发展电动汽车，先后在克林顿时期和小布什时期实施了"新一代汽车合作伙伴(PNGV)计划"、"自由汽车(FreedomCAR)计划"等国家级汽车产业发展计划，重点支持环境友好型汽车的研发及技术创新，并制定相应的优惠政策，鼓励新能源车的购买和使用。

1. 以生物乙醇汽车为核心

早在 2007 年时，美国时任总统布什就呼吁农民大量种植粮食，争取到 2017 年使粮食增产 500%，从而减少对石油进口的依赖，降低 CO_2 等温室气体的排放。自那时起到现在，美国新建了一百多座乙醇生产厂。2006～2016 年，美国乙醇燃料产量翻了一番还要多，美国大部分车用汽油都混合了体积比为 10% 的乙醇燃料。近几年，出口市场的发展促进了美国国内乙醇燃料生产的进一步增长。

据美国能源信息署数据，2016 年，爱荷华州、内布拉斯加州、伊利诺斯州、明尼苏达州、印第安纳州、南达科他州六个州的乙醇燃料产量(2.6 亿桶)在美国乙醇总产量(3.67 亿桶)中占比 72%。美国农业部 USDA 数据显示，这六个州的玉米(生产乙醇的主要原料)产量都排在前十名。

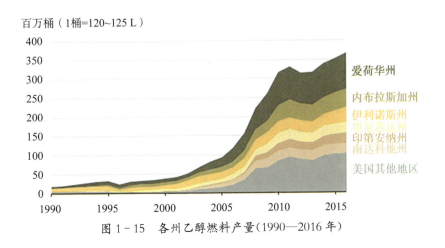

图 1-15 各州乙醇燃料产量(1990—2016 年)

美国农业部近日发布数据显示，全美生产的玉米等谷类作物中，有约 40% 用于制造生物燃料(乙醇)为汽车供能，而非用来为居民供给粮食。

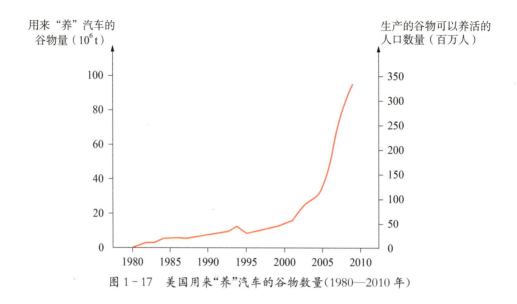

图 1-17 美国用来"养"汽车的谷物数量(1980—2010 年)

2. 大力支持发展电动汽车

美国在联邦政府层面通过制定宏观规划确定产业中远期发展目标,通过国家级研发计划和专项资金支持技术研发。

(1) 宏观战略。

美国联邦政府通过立法和战略规划相结合的方式推动电动汽车发展。一是环保压力迫使政府发展电动汽车,将其纳入环境治理重要一环。美国 1990 年通过《清洁空气法修正案》,强调对不满足空气标准的地区必须使用包括电动汽车在内的清洁能源汽车。二是宏观规划确定产业中远期发展目标。美国能源部于 2013 年 1 月发布"电动汽车普及计划蓝图",计划利用十年时间,通过技术创新方式提高电动汽车的性价比和市场竞争力。

(2) 研发支持。

美国自 1990 年起发布多项国家级研发计划。能源部作为主管部门,先后多次、大量投资支持电动汽车研发,包括自由合作汽车研究计划、新一代汽车伙伴计划、先进能源计划、先进技术汽车制造贷款计划等,支持内容包括动力电池、燃料电池、轻量化等。2009 年,奥巴马将发展电动汽车作为提振美国汽车工业、引领美国走出经济危机泥潭的重要途径,并明确重点支持纯电动汽车(BEV)和插电式混合动力汽车(PHEV)。此外,特朗普政府通过专项资金支持产学研联合研究电池材料回收利用。2019 年,美国能源部设立"Recell"电池回收中心,橡树岭国家实验室、阿岗实验室等科研机构和一批产业链企业参与研发,通过推动闭环回收促使废旧电池材料回收再利用,保障资源供应安全。

3. 制定鼓励政策

(1) 个税抵免优惠政策。

美国联邦政府自 2010 年 1 月 1 日起对购置纯电动及插电式混合动力轻型车的纳税人实

施个税抵免政策。在2017年美国税收改革中,多项抵免政策皆被废除,但电动汽车购置抵免政策仍被保留。该政策为电池容量不低于4 kWh的纯电和混合动力车设定了2 500美元的税收抵免基础额度,高出4 kWh的部分按417美元/kWh的标准增加税收抵免额度,上限为7 500美元。

(2) 交通政策。

共乘专用车道(也称HOV车道),是一种促进和鼓励共乘的交通管理策略,仅允许载有2个(或3个,含驾驶员)以上人员的车辆使用。电动汽车在美国加州享受HOV车道特殊使用权。一是依据车贴判定HOV车道特殊使用权。加州车辆管理局(DMV)对满足联邦和加州排放法规的车辆发放清洁空气车辆(CAV)车贴,贴有该车贴的车辆可在不满足车内人数要求的情况下进入HOV车道。二是车贴有效期不超过4年,不再无限期延长。随着电动汽车市场规模的增长,HOV车道拥堵现象日渐严重,于是自2018年起加州根据车辆获得车贴的年份区分颜色(2018年为红色、2019年为紫色、2020年为橙色),且车贴有效期均不超过4年。三是对低收入群体给予优待。为照顾低收入群体,自2020年1月1日起,低收入家庭购买部分车贴已失效的二手电动汽车,可获得特殊车贴,继续享受HOV车道优惠。

(3) 充电政策。

美国加州政府在充电基础设施建设和使用两方面为企业和用户提供财税金融优惠。一是对充电基础设施建设给予金融支持。美国加州的小型企业建设充电站可申请贷款融资服务,最高可贷款50万美元(还款期限最长4年),并可获得贷款金额的20%~30%作为贷款违约保障金,充电站必须可供企业员工、公众或多单元住宅的租户使用;业主对自有房产购买和安装充电设施也可申请信贷支持。二是对用户充电给予费用优惠。美国加州立法明确,BEV和PHEV可在州立停车场充电免收电费,资金由州政府或公用事业纳税人提供;加州多数电力公司为电动汽车充电提供优惠费率。

(三) 日本新能源汽车发展现状

日本作为全球第三大经济体,国内能源资源匮乏,但技术人才优势明显,如何趋利避害,在确保资源安全、环境保护的同时实现经济可持续发展,成为政府和民众合力攻坚的重要课题。近年来,日本加快产业结构调整,积极培育一批战略性新兴产业,其中新能源汽车产业日趋规模化、效益化,有望成为未来拉动日本经济增长的新支柱之一。

1. 电动汽车进入普及阶段

随着电动汽车生产成本和售价降低,其低污染、噪声小等优点越来越受到消费者青睐。目前,日本市场上排量在1.8~2.0 L的中档电动汽车售价在380万~440万日元之间。由于行驶费用较燃油汽车低,电动汽车已具备价格竞争能力。

与此同时,30多家日本相关企业正大力研发电动汽车核心技术锂离子电池,并已研制出价格相对低廉的多种新材料。丰田、日产、三菱和本田四家汽车公司还共同出资成立了为电动汽车和混合动力汽车提供服务的"日本充电服务公司"。该公司利用政府资金补助,在高速公路休息站、连锁超市、交通道路旁等设立1.7万个充电设施,加快完善基础设施。官方政策投资银行也决定参股该公司,以增强日本车企在国际市场的竞争力。

2. 混合动力车发展势头良好

丰田推出混合动力汽车普锐斯之后不断加大研发力度,经过十多年发展已形成产业规模。第三代普锐斯每1 L汽油可行驶38 km,成为行业节能新标杆。

目前,丰田、本田和日产等汽车厂商的混合动力汽车不仅在国内市场热销,在国际市场上也颇受青睐。在美国市场,丰田混合动力汽车已连续6年销量超过10万辆,普锐斯累计销量超过100万辆。

由于销量增加和成本下降,日本的混合动力汽车售价已大幅下降。政府取消了购买混合动力汽车部分优惠政策,只保留免征消费税的优惠。

3. 燃料电池汽车有望后来居上

有专家认为,尽管电动汽车技术特别是电池技术取得了长足发展,电动汽车很可能只是一种过渡性产品,因为电动汽车还需要充电,发电依然会产生污染和温室气体。电动汽车电池如果得不到安全可靠的后期处理,很可能对环境造成重大污染,所以目前正在研发的燃料电池汽车更被人们看好。

燃料电池汽车是利用氢与空气中的氧进行化学反应发电来驱动车辆,只排放少量的水,几乎不排放污染物质,是最清洁的下一代汽车。

专家认为,随着燃料电池汽车技术不断成熟和成本下降,燃料电池汽车将成为真正意义上的清洁环保汽车,几乎所有大型汽车厂商都在竞相开发,加入竞争行列。

二、国内新能源汽车发展现状

我国高度重视电动汽车技术的发展。"十五"期间,启动了863计划电动汽车重大专项,确立了"三纵三横"(三纵:混合动力汽车、纯电动汽车、燃料电池汽车;三横:电池、电机、电控)的研发布局,取得了一大批电动汽车技术创新成果。"十一五"以来,中国提出"节能和新能源汽车"战略,政府高度关注新能源汽车的研发和产业化。

(一) 新能源汽车的优劣势比较

2008年11月上旬,科技部相关官员和国家863计划节能与新能源汽车重大项目总体专家组组长先后对中国新能源汽车的发展发表看法,他们都表示混合动力是比较合适的过渡方案。我国新能源汽车战略道路已逐渐走向清晰,而混合动力车将成为下一步开发重点。目前插电式混合动力车是混合动力向纯电动的过渡技术,将成为混合动力汽车的重点。各种新能源汽车的优劣势比较见表1-2。

表1-2 各种新能源汽车的优劣势比较

能源形式	优缺点	产业及应用情况	政策适应性
混合动力	优点：降低燃油消耗，特别对于城市市政商用车，降低油耗特别显著；续驶里程长； 缺点：长距离高速行驶不省油，结构较复杂，价格为燃油汽车价格的两倍左右（商用车）	最容易实现产业化，也是目前新能源汽车的主流路线。在城市客车已有广泛应用	国家鼓励发展的新能源汽车形式，现阶段最佳的新能源汽车过渡形式
纯电动	优点：技术相对成熟简单，噪声小，行驶稳定性高，零排放。采用白天行驶、夜间充电运行方式，可平衡城市电网峰谷，更节能降耗； 缺点：动力蓄电池能量密度小，续驶里程短(200 km左右)，动力蓄电池价格高（为100～350美元/kW·h，接近整车的1/2），寿命低(四年左右)，动力蓄电池对环境污染大，重量重，车速较低，整车价格高，相当于燃油汽车价格的四倍左右(商用车)	国内电池、电机、控制系统等产业正蓬勃发展。我国纯电动公交车已大规模应用	国家鼓励发展的新能源汽车形式，今后新能源汽车的发展方向
燃料电池	优点：能量转化率高，负荷响应快，无污染，无振动； 缺点：价格很高，技术不成熟	在我国还处于起步阶段	国家鼓励发展的新能源汽车形式，被认为是电动汽车终极发展方向
二甲醚等其他燃料	优点：方便、清洁、污染少、动力性好；无毒，储运方便，安全性高；可从煤石油、天然气、植物和生活垃圾中提取，属于可再生能源，资源丰富； 缺点：热值只有柴油的70%，燃料成本高(约柴油的1.3倍)，燃料加注站等基础设施的建设投资大	处于应用推广阶段	属于新能源汽车范畴，但不享受"示范推广"政府资金补助

（二）混合动力是当前新能源汽车主流路线

下面通过几个方面对不同类型新能源汽车进行比较。

（1）商用车要满足载客载货的需要，相对于乘用车需要更大的动力、更高的续驶里程，以及服务配件的供应且受成本的制约。混合动力汽车拥有两套动力源，满足长短途运输的要求，在城市工况下可使用动力蓄电池节能；车在路上排队等候时可以关掉内燃机，起到省油的效果；制动时能量可以储存成电能，实现能源再利用。因此，混合动力技术很适合商用车，特别适合于短距离作业的城市市政等类商用车。

(2) 混合动力汽车经济性好，比传统汽车节约燃油 30%～50%，以 40 L/100 km 油耗的重型载货汽车来说，每年节约燃油消耗费用 7.2 万～12 万元（以年运营 10 万 km，柴油 6 元/L 计算），一次充满油、电后，续驶里程可以达到 1 000 km 左右。同时，混合动力汽车比纯电动汽车的维护运营成本低，根据北京纯电动公交车的运营数据，纯电动汽车的维护运营成本是普通公交车的三倍以上，而混合动力汽车的维护运营成本和普通公交车基本相当。

(3) 混合动力汽车目前已具备应用基础和产业化条件，极有可能率先实现突破。混合动力汽车不仅可大大节约燃油，减少废气排放，减少电池数量，而且和纯电动汽车相比，它不需要地面建设。同时，发展混合动力汽车能充分利用现有内燃机汽车生产能力，为改造传统汽车工业和实现跨越式发展服务，这使混合动力汽车具有了其他新能源汽车现阶段无可比拟的应用基础和优势，前景十分广阔。

据了解，从全国推广方案中的混合动力和纯电动公交车的数量来看，混合动力公交车遥遥领先。北京目前已投入 860 辆混合动力公交车和 200 辆纯电动公交车；长沙、株洲和湘潭计划推广 2 000 辆混合动力公交车和 800 辆混合动力旅游观光车；武汉混合动力公交车的数量也达到 1 000 辆。

(4) 燃料电池由于价格过高，并且目前产业化条件还不是很成熟，因此目前不是我们首要开发的车型。

(5) 二甲醚等其他燃料在我国资源丰富，具有一定产业基础，相对于柴油具有热效率高、排放低及内燃机成本低等优势。但目前二甲醚的推广还存在一些问题，因二甲醚与柴油的热值比只有 70%，在目前的油价下，行驶相同里程二甲醚汽车的燃料成本是约柴油汽车燃油成本的 1.3 倍。另外二甲醚汽车燃料加注站等基础设施的建设投资很大，目前，国内还没有类似的二甲醚汽车燃料加注站，这对二甲醚汽车推广非常不利。

在能源和环保的压力下，新能源汽车无疑将成为未来汽车的发展方向。如果新能源汽车得到快速发展，以 2020 年中国汽车保有量 1.4 亿辆计算，可以节约石油 3 229 万 t，替代石油 3 110 万 t，节约和替代石油共 6 339 万 t，相当于汽车用油需求削减 22.7%。2020 年前节约和替代石油主要依靠发展先进柴油车、混合动力汽车等实现。到 2030 年，新能源汽车的发展将节约石油 7 306 万 t，替代石油 9 100 万 t，节约和替代石油共 16 406 万 t，相当于将汽车用油需求削减 41%。届时，生物燃料、燃料电池在汽车石油替代中将发挥重要的作用。

三、新能源汽车发展趋势

根据目前新能源汽车的发展状况，新能源汽车主要有以下发展趋势。

（1）突破电池技术是关键。作为动力源，现在还没有任何一种电池能与石油相提并论，动力蓄电池已成为限制电动汽车发展的瓶颈。因此，研究和开发环境友好、成本低廉、性能优良的动力蓄电池，是大量推广使用电动汽车的前提。

（2）驱动电机呈多样化发展。美国倾向于采用交流感应电机，其主要优点是结构简单、可靠、质量较小，但控制技术较复杂。日本多采用永磁无刷直流电机，优点是效率高、起动转矩大、质量较小，但成本高，且有高温退磁、抗振性较差等缺点。德国、英国等大力开发开关磁阻电机，优点是结构简单、可靠、成本低，缺点是质量较大，易于产生噪声。

（3）由于受续驶里程的影响，纯电动汽车向超微型发展。这种汽车降低了对动力性和续驶里程的要求，充电过程比较简单，车速不高，较适合于市内或社区小范围内使用。

（4）混合动力汽车是内燃机汽车和纯电动汽车之间的过渡产品，既充分发挥了现有内燃机技术优势，又尽可能发挥电机驱动无污染的优势。发展混合动力汽车有两条技术路线值得重视：一是轿车混合动力的模块化。通过功能模块的发展与组合逐步推进汽车动力的电气化。随着电功率的比例逐步提高，从只具备自动起停、怠速关机功能的"微混合"，以并联式混合动力内燃机为主体的"轻混合"和以混联式为特征的"全混合"，最终过渡到串联式"可充电混合"。二是城市客车混合动力系统的平台化。发电机组＋驱动电机＋储能装置构成了混合动力系统的基本技术平台。混合动力汽车可以大幅度降低油耗，减少污染物排放，且技术成熟。

（5）燃料电池汽车成为竞争的焦点。燃料电池汽车在成本和整体性能上，特别是续驶里程和补充燃料时间上明显优于其他电池的电动汽车，并且燃料电池所用的燃料来源广泛，又可再生，并可实现无污染、零排放等环保标准。因此，燃料电池汽车已成为世界各大汽车公司在21世纪激烈竞争的焦点。燃料电池及氢动力发动机车型被看作是新能源汽车最终的解决方案。

（6）开发新一代车用能源动力系统，发展新能源汽车。重点发展各种液体代用燃料内燃机及其混合动力汽车，并逐步过渡到发展采用生物燃料的混合动力汽车和可充电的混合动力汽车；进一步发展以天然气为主体的气体燃料基础设施，分步建设长期可持续利用的气体燃料供应网络；以天然气内燃机为基础，发展各种燃气动力，尤其是天然气/氢气内燃机及其混合动力；发展新一代燃料电池内燃机及其混合动力；大力推进动力蓄电池的技术进步，发展适合我国国情的纯电动汽车尤其是微型纯电动汽车。以城市公交车辆为重点，以点带面，稳步推进新能源汽车的示范与商业化。

另外，政府对加快新能源汽车的发展起着至关重要的作用，政府要加大资金投入和政策引导；企业要加大对新能源汽车研发的力度；同时要加大示范运行的范围和力度，为新能源汽车规模化、产业化发展做准备。

知识链接

强国之路上的"中国速度"

过去十年,在政府大力引导下,中国汽车产业借势新能源汽车"换道超车",实现翻天覆地的变化,中国新能源汽车产业不仅跑出了"加速度",还成为带动全球汽车产业电动化转型的领导者。

在党的二十大精神的指引下,中国新能源汽车产业将如何继续践行高质量发展?如何践行"碳达峰、碳中和"战略?

公开数据显示,2012年我国新能源汽车销量约为1.3万辆,2021年这一数字已达352.1万辆,增幅超过270倍,产销量连续7年居全球首位。2022年的1至10月,我国新能源汽车销量达528万辆,同比增长1.1倍,市场渗透率达到24%。

销量规模和市场渗透率不断提升的同时,我国也凭借着在新能源汽车产业的发展优势,成功"换道超车",跻身世界汽车产业第一梯队。

细数新能源汽车产业取得的成绩,产业界不能只关注新能源汽车"量"的增长,更应该看到"质"的变化。

截至2022年底的数据显示,在新能源汽车市场上,大多都是新势力,在质量方面相差无几。销量前十的分别是比亚迪、特斯拉、上汽通用五菱、奇瑞汽车、广汽埃安、小鹏汽车、长安汽车、吉利汽车、哪吒汽车、理想。在这十大品牌中,中国品牌占据了九席。其中比亚迪可谓是力压群雄,成为了国货之光,具备电池、电机、电控及芯片等全产业的核心技术,车型更是覆盖乘用车和商用车。

为了践行高质量发展和"碳达峰、碳中和"战略,各大品牌制定了自己的发展策略,例如:比亚迪研发自己独有的动力电池技术,既要保证续航里程,又要节能减排;小鹏汽车作为年轻的企业,已完成全球化布局,总部设在广州,而研发中心在北京、上海、深圳、硅谷、圣地亚哥都有设立。而软件、数据、硬件技术是小鹏汽车的核心,目的是为了打造智能化电动汽车。

思考与练习

一、选择题

1. 我国新能源汽车发展的重点是(　　)。
   A. 以混合动力汽车为主　　　　　　　　B. 以生物乙醇汽车为核心

C. 以纯电动车为核心　　　　　　　　D. 以氢动力为核心

2. "价格很高,技术不成熟"是(　　)新能源汽车的缺点。
   A. 混合动力　　　　　　　　　　　B. 纯电动
   C. 燃料电池　　　　　　　　　　　D. 二甲醚等其他燃料

3. "续驶里程长,价格为燃油汽车价格的两倍左右(商用车)"是描述的哪种新能源汽车趋势?
   (　　)。
   A. 混合动力　　　　　　　　　　　B. 纯电动
   C. 燃料电池　　　　　　　　　　　D. 二甲醚等其他燃料

4. 下列对混合动力汽车描述错误的是(　　)。
   A. 混合动力汽车经济性好,比传统汽车节约燃油30%～50%
   B. 混合动力汽车目前已具备应用基础和产业化条件,极有可能率先实现突破
   C. 长距离高速行驶不省油,结构较复杂
   D. 采用白天行驶、夜间充电运行方式

5. 氢动力发动机的先行者是哪个国家?(　　)。
   A. 德国　　　　B. 美国　　　　C. 日本　　　　D. 法国

二、判断题

1. 第二代普锐斯每1 L汽油可行驶38 km,成为行业节能新标杆。　　　　　　(　　)
2. "三纵三横":三纵指混合动力汽车、纯电动汽车、燃料电池汽车;三横指电池、电机、电控。
   　　　　　　　　　　　　　　　　　　　　　　　　　　　　　　　　(　　)
3. 日本只重视混合动力车并大力发展。　　　　　　　　　　　　　　　　(　　)
4. 普锐斯是氢动力发动机车型研究的先行者。　　　　　　　　　　　　　(　　)

三、多选题

1. 现如今说的新能源汽车主要包括(　　)。
   A. 燃油汽车　　　　　　　　　　　B. 纯电动汽车
   C. 液化石油气汽车　　　　　　　　D. 氢能源动力汽车
   E. 混合动力汽车

2. 新能源汽车成为各国所看重和重点支持的新兴产业,原因是(　　)。
   A. 石油可能于2050年宣告枯竭　　　B. 大气污染严重
   C. 摆脱经济危机　　　　　　　　　D. 电池技术的发展
   E. 新能源汽车能源的多样化发展

3. 制约电动汽车发展的原因都有哪些?(　　)

A. 续驶里程数相对于内燃机汽车短　　B. 动力性能不够
C. 充电时间久　　D. 电池过于重
E. 制作成本高

4. (　　)汽车是我国未来重点发展的方向。
A. 智能互联汽车　　B. 插电式混合动力汽车
C. 纯电动汽车　　D. 太阳能电池汽车
E. 节能汽车

项目二 认识新能源汽车类型

项目描述

2009年7月1日,发改委发布关于新能源汽车的公告《新能源汽车生产企业及产品准入管理规则》(简称《规则》)。《规则》中明确强调新能源汽车是指采用非常规的车用燃料作为动力来源(或使用常规的车用燃料、采用新型车载动力装置),综合车辆的动力控制和驱动方面的先进技术,形成的技术原理先进、具有新技术、新结构的汽车。同时指出,新能源汽车包括混合动力汽车(HEV)、纯电动汽车(BEV)(包括太阳能汽车)、燃料电池电动汽车(FCVE)、氢内燃机汽车、其他能源(如高效储能器、二甲醚)汽车等各类产品。

本项目中我们将对混合动力汽车(HEV)、纯电动汽车(BEV)、燃料电池电动汽车(FCVE)、氢内燃机汽车及其他能源汽车等新能源汽车做更深一步的学习。

学习目标

◇ 了解新能源汽车的定义;
◇ 掌握纯电动、混合动力、氢燃料汽车的组成及特点;
◇ 掌握纯电动、混合动力、氢燃料汽车的识别方式。

任务一　认识纯电动汽车

纯电动汽车是指以车载电源为动力,用电机驱动车轮行驶,符合道路交通、安全法规各项要求的车辆,一般采用高效率充电动力蓄电池为动力源。纯电动汽车不需要再用内燃机,因此,纯电动汽车的电机相当于传统汽车的内燃机,动力蓄电池相当于原来的油箱,电能是二次能源,可以来源于风能、水能、热能、太阳能等多种方式。

一、纯电动汽车的特点

纯电动汽车的主要部件电机的驱动电能来源于车载可充电动力蓄电池或其他能量储存装置。大部分车辆直接采用电机驱动,有一部分车辆把电机装在发动机舱内,也有一部分直接以车轮作为四台电机的转子,其难点在于电力储存技术。纯电动汽车的特点有:

(1) 无污染,噪声低。纯电动汽车无内燃机汽车工作时产生的废气,不产生排气污染,对环境保护和空气的洁净是十分有益的,有"零污染"的美称;电动汽车无内燃机产生的噪声,电机的噪声也较内燃机小。

(2) 能源效率高、多样化。电动汽车的能源效率已超过汽油机汽车,特别是在城市运行,汽车走走停停、行驶速度不高时,电动汽车更加适宜。电动汽车停止时不消耗电量,在制动过程中,电机可自动转化为发电机,实现制动减速时能量的再利用。

另一方面,电动汽车的应用可有效地减少对石油资源的依赖,可将有限的石油用于更重要的方面。向动力蓄电池充电的电力可以由煤炭、天然气、水力、核能、太阳能、风力、潮汐等能源转化。除此之外,如果夜间向动力蓄电池充电,还可以避开用电高峰,有利于电网均衡负荷,减少费用,大大提高其工作效益。

(3) 结构简单、使用维修方便。电动汽车较内燃机汽车结构简单,运转、传动部件少,维修保养工作量小。当采用交流感应电机时,电机不用保养维护,更重要的是电动汽车易操纵。

(4) 动力电源使用成本高、续驶里程短。目前电动汽车尚不如内燃机汽车技术完善,尤其是动力蓄电池的寿命短、使用成本高。电池的储能量小,一次充电后行驶里程不理想,且电动车的电池价格较贵,又未形成经济规模。在使用成本方面,有些使用价格比汽车价格高,有些价格为汽车价格的1/3,这主要取决于电池的寿命及当地的油电价格。但随着电动汽车技术的发展,电动汽车存在的缺点会逐步得到解决。

二、纯电动汽车的基本组成与工作原理

燃油汽车主要由内燃机、底盘、车身和电气4大部分组成,纯电动汽车的结构与燃油汽车相比,主要增加了电驱动控制系统,而取消了内燃机,主要由电机驱动系统、电控系统、电源系统三部分组成,如图2-1所示。电机驱动系统是纯电动车的关键系统,是车辆行驶的主要执行机构,其特性决定了车辆的主要性能指标,直接影响车辆的动力性、经济性和乘坐舒适性。电机驱动系统具有清洁能源、噪声小、易于实现自动控制等优点,主要由电机总成、电机控制器、动力分配装置、电驱冷却系统组成,通过高低压线束,与整车其他系统连接,如图2-2所示。电机驱动系统的主要功能是驱动汽车行驶和制动能量回收。

纯电动汽车组成

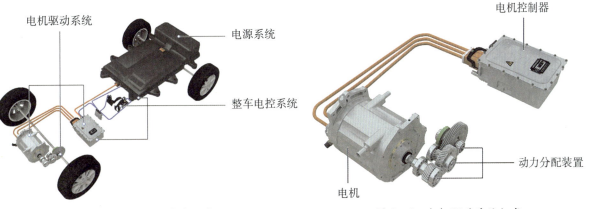

图2-1 纯电动汽车组成　　　　图2-2 电机驱动系统组成

电控系统相当于传统汽车的ECU,是纯电动汽车上对高压零部件实现控制的主要执行系统。它主要由执行元件、整车控制器(VCU)及传感器三大部分组成。VCU负责接收传感器的信号,将信号进行处理后将命令传达给执行元件,执行元件执行相关命令。电控系统的核心是对驱动电机的控制。动力单元的提供者——动力蓄电池所提供的是直流电,而驱动电机所需要的则是三相交流电。因此,电控系统所要实现的是一个逆变的过程,即将动力蓄电池端的直流电转换成电机输入侧的交流电的一个过程,如图2-3所示。

电机驱动系统组成

电源系统为纯电动汽车行驶提供能量保证,有储电、供电和充电三种功用。主要包括动力蓄电池组、电池管理系统两大部分。电动汽车电池管理系统(BMS)

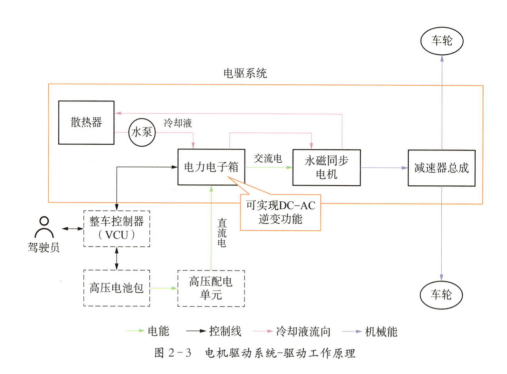

图 2-3 电机驱动系统-驱动工作原理

是连接动力蓄电池和电动汽车的重要纽带,其主要功能包括:动力蓄电池物理参数实时监测;动力蓄电池状态估计;在线诊断与预警;充、放电与预充控制;均衡管理和热管理等。动力蓄电池组主要作用是为纯电动汽车提供电能,并进行电能储存,如图 2-4 所示。

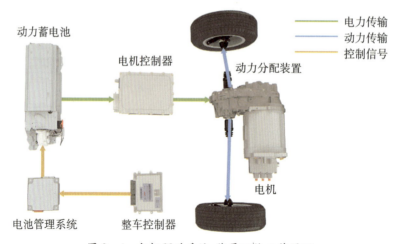

图 2-4 电机驱动系统-能量回收工作原理

三、纯电动汽车的类型

纯电动汽车可分为两种类型,即用纯动力蓄电池作为动力源的纯电动汽车和装有辅助动力源的纯电动汽车。

（一）用动力蓄电池作为动力源的纯电动汽车

用单一动力蓄电池作为动力源的纯电动汽车,只装置了动力蓄电池组,它的电力和动力传输系统如图2-5所示。

图2-5 用单一动力蓄电池作为动力源的纯电动汽车的电力和动力传输系统

（二）装有辅助动力源的纯电动汽车

用单一动力蓄电池作为动力源的纯电动汽车,动力蓄电池的比能量和比功率较低,动力蓄电池组的质量和体积较大。因此,在某些纯电动汽车上增加辅助动力源,如超级电容器、发电机组、太阳能电池等,由此改善纯电动汽车的起动性能和增加续驶里程。装有辅助动力源的纯电动汽车的电力和动力传输系统如图2-6所示。

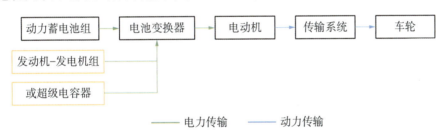

图2-6 装有辅助动力源的纯电动汽车的电力和动力传输系统

四、纯电动汽车的驱动系统布置形式

纯电动汽车的驱动系统是电动汽车的核心部分,其性能决定着纯电动汽车运行性能的好坏。纯电动汽车的驱动系统布置取决于电机驱动系统的方式。纯电动汽车的驱动系统由驱动电机和操作系统组成,其结构形式不同,采用的驱动系统不同。纯电动汽车的驱动系统有集中驱动系统和轮毂驱动系统两种。任何一种电机都可以与不同的传动系统组合成集中驱动系统或轮毂驱动系统,并组成不同形式的系列化的纯电动汽车。

经过几十年的发展,新开发和研制出来的纯电动汽车的动力性能已经能够与内燃机汽车相媲美。纯电动汽车的驱动系统比内燃机汽车的驱动系统更加先进,结构更加紧凑。现代纯电动汽车大多数装备了专用电机,有利于实现机电一体化和自动控制。

（一）集中驱动方式

集中驱动方式大部分是由电机、变速器和差速器等组成。它采用单电机驱动代替内燃机,而传统内燃机汽车零部件及结构不变,故设计制造成本低,但传动效率低,一般用于小型电动车辆。按有无变速器它又可分为传统型和电机驱动型,而电机驱动桥型又分为电机驱动桥组合型和电机驱动桥整体型两种。

(1) 传统的驱动模式如图2-7(a)所示,它与传统汽车驱动系统的布置方式一致,带有变速器和离合器,只是将内燃机换成电机,属于改造型电动汽车。这种布置可以提高电动汽车的起动转矩,增加低速时电动汽车的后备功率。

(2) 电机-驱动桥组合式驱动模式如图2-7(b)和图2-7(c)所示,它取消了离合器和变速器,但具有减速差速机构,由1台电机驱动两车轮旋转。其优点是可以继续沿用当前内燃机汽车中的动力传动装置,只需要一组电机和逆变器。这种方式对电机的要求较高,不仅要求电机具有较高的起动转矩,而且要求具有较大的后备功率,以保证电动汽车的起动、爬坡、加速超车等动力性。

(3) 电机驱动桥整体式驱动模式如图2-7(d)所示,它是将电机装到驱动轴上,直接由电机实现变速和差速转换。这种传动方式同样对电机有较高的要求,要求有大的起动转矩和后备功率,同时不仅要求控制系统有较高的控制精度,而且要具备良好的可靠性,从而保证电动汽车行驶的安全、平稳。

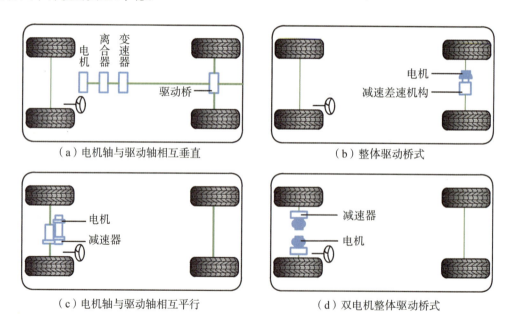

图2-7 纯电动车汽车驱动系统布置方案

(二) 轮毂驱动方式

电动轮驱动系统可以布置在纯电动汽车的两个前轮、两个后轮或四个车轮的轮毂中。成为前轮驱动、后轮驱动或四轮驱动的纯电动汽车。

轮毂电机驱动方式有两种结构：一种是内定子外转子结构，其外转子直接安装在车轮的轮缘上，由于这种结构没有机械减速机构提供减速，因此通常要求电机为低速转矩电机；另一种是内转子外定子结构，其转子作为输出轴与固定减速比的行星齿轮变速器的太阳轮相连，而车轮轮毂与齿圈连接，这样能提供较大的减速比，来放大其输出转矩。两种转矩结构的轮毂电机的结构示意图如图2-8所示。

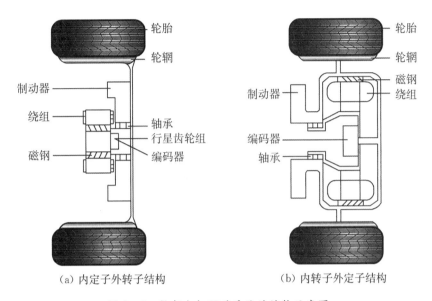

(a) 内定子外转子结构　　　(b) 内转子外定子结构

图2-8　轮毂电机驱动系统的结构示意图

如图2-9所示为轮毂电机的实物图，当采用轮毂电机驱动时，纯电动汽车上驱动电机输出的转矩传递到驱动车轮的传递路径大大缩短，这样可腾出足够的空间，便于对总体而言的进一步优化，而且采用内定子外转子的结构时，还能够提高对车轮动态响应的控制性能。采用轮毂电机时，由于可以对每台电机的转速进行单独调节控制，因此可以实现电子差速，这样既可节省去机械差速器，还有利于提高汽车在转弯时的操纵性。按照纯电动汽车上轮毂电机的布置形式，纯电动汽车可以分为双前轮驱动、双后轮驱动和前后四轮驱动。

图2-9　轮毂电机实物图

五、纯电动汽车的关键技术

发展纯电动汽车必须解决好4个方面的关键技术：电池及管理技术、电机及控制技术、整车控制技术以及整车轻量化技术。

电源系统组成

（一）电池及管理技术（图2-10）

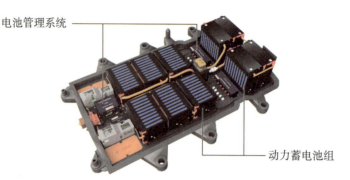

图2-10 电池管理技术

电池是纯电动汽车的动力源，也是一直制约纯电动汽车发展的关键因素。要使纯电动汽车能与燃油汽车相竞争，关键就是要开发出比能量高、比功率大、使用寿命长、成本低的高效电池。但目前还没有任何一种电池能达到纯电动汽车普及的要求。

电池组性能直接影响整车的加速性能、续驶里程以及制动能量回收的效率等。电池的成本和循环寿命直接影响车辆的成本和可靠性，所有影响电池性能的参数必须得到优化。

纯电动汽车的电池在使用中发热量很大，电池温度影响电池的电化学系统的运行、循环寿命和充电可接受性、功率和能量、安全性和可靠性等。所以，为了达到最佳的性能和寿命，需将电池包的温度控制在一定范围内，减小包内不均匀的温度分布以避免模块间的不平衡，以此避免电池性能下降，且可以消除相关的潜在危险。

（二）电机及控制技术（图2-11）

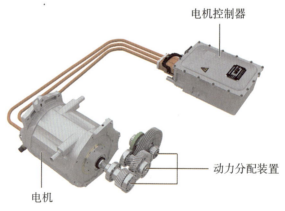

图2-11 电机控制技术

纯电动汽车的驱动电机属于特种电机,是纯电动汽车的关键部件。要使纯电动汽车有良好的使用性能,驱动电机应具有较宽的调速范围及较高的转速,足够大的起动转矩,体积小、质量小、效率高,且有动态制动强度和能量回馈的性能。纯电动汽车所用的电机正在向大功率、高转速、高效率和小型化方向发展。

随着电机及驱动系统的发展,控制系统趋于智能化和数字化。结构控制、模糊控制、神经网络、自适应控制等非线性智能控制技术,都将各自或结合应用于纯电动汽车的电机控制系统。它们的应用将使系统结构更加简单,呼应迅速、抗干扰能力强,参数变化具有鲁棒性,可大大提高整个系统的综合性能。

(三) 整车控制技术 (图2-12)

纯电动汽车整车控制器(Vehicle Controller)是纯电动汽车整车控制系统的核心部件,它采集加速踏板信号、制动踏板信号及其他部件信号,并做出相应判断后,控制下层的各部件控制器的动作,驱动汽车正常行驶。当驾驶员踩下加速踏板时,VCU(整车控制器)接收到来自加速位置传感器的加速信号并将信号传递给 BMS(电池管理系统),此时电池接收到来自 BMS 的信号,将电力传输给整车控制器,与此同时 VCU 也向电机控制器发送信号,电机控制

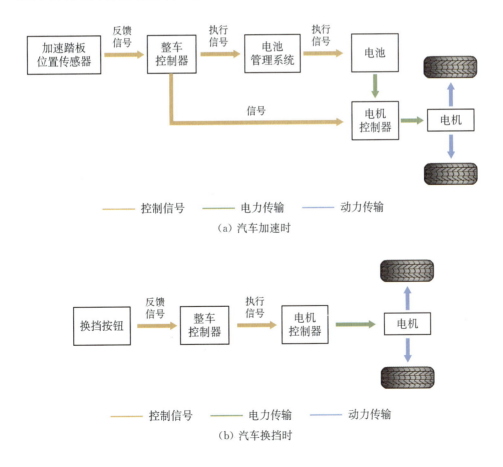

(a) 汽车加速时

(b) 汽车换挡时

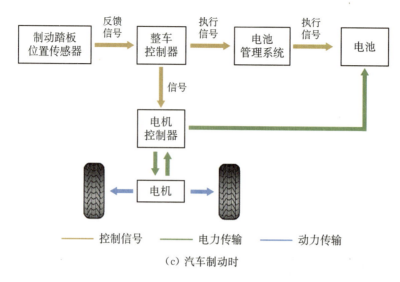

(c) 汽车制动时

图 2-12 整车控制器

器收到信号后将电力传输给电机,从而驱动车轮行驶。当驾驶员踩下制动踏板时,VCU 接收来自制动位置传感器的减速信号,将信号同时传输给电机控制器及 BMS 停止供电,此时电机控制器接收电机减速产生的电能,并将电能传输给电池进行储存。汽车行驶过程中,需要换挡时,VCU 接收来自换挡按钮的信号,并将信号传递给电机控制器,电机控制器接收到相应的信号后,来控制车轮的正转、反转或不转。

实现整车网络化控制,其意义不只是解决汽车电子化中出现的线路复杂和线束增加问题,网络化实现的通信和资源共享能力成为新的电子与计算机技术在汽车上应用的一个基础,并为 X-by-Wire 技术提供有力的支撑。

(四) 整车轻量化技术

整车轻量化技术始终是汽车技术重要的研究内容。纯电动汽车由于布置了电池组,整车质量增加较多,轻量化问题更加突出,可以采用以下措施减小整车质量。

(1) 通过对整车实际使用工况和使用要求的分析,对电池的电压、容量、驱动电机功率、转速和转矩、整车性能等车辆参数的整体优化,合理选择电池组和电机参数。

(2) 通过结构优化和集成化、模块化优化设计,减小动力总成、车载能源系统的质量。这里包括对电机及驱动器、传动系统、冷却系统、空调和制动真空系统的集成和模块化设计,使系统得到优化;通过电池、电池箱、电池管理系统、车载充电机组成的车载能源系统的合理集成和分散,实现系统优化。

(3) 积极采用轻质材料,如电池箱的结构框架、箱体封皮、轮毂等采用轻质合金材料。

(4) 利用 CAD 技术对车身承载结构件(如前后桥,新增的边梁、横梁等)进行有限元分析研究,用计算和试验相结合的方式,实现结构最优化。

 授之以技

以北汽 EV160 电动汽车为例。

一、纯电动汽车外观认知

(1) 车身上标有 EV 字样,为纯电动汽车,一般标注在汽车尾部。

(2) 查看车辆前端与后端是否有充电端口:慢充在汽车后端,为 7 脚插孔,快充在前端,为 9 脚插孔。

二、纯电动汽车前机舱认知

(1) 打开前机舱盖。
(2) 查看有无内燃机,没有内燃机为纯电动汽车。

三、纯电动汽车车内配置认知

(1) 旋转式电子档有 E 档表示是纯电动汽车,是指能量回收。

(2) 当旋转式电子档旋至 E 档,仪表板显示为 E,左侧绿色圆圈内的数值代表能量回收强度。

(3)电量表。电量表共分为 10 个格,每个格表示 10% 的电量。当电量剩余 3 个格时显示为橙色;当电量仅剩一格时,显示的段为红色。

(4)跛行指示灯。车辆被限制车速时或被限制输出功率时该指示灯点亮。

(5)电机及控制器过热指示灯。当电机或电机控制器温度过高而引起冷却液温度过高时,该指示灯点亮。

(6)动力蓄电池故障指示灯。当车辆动力蓄电池发生故障时,该故障指示灯点亮。

(7) 动力蓄电池断开指示灯。当车辆动力蓄电池断开时,该指示灯点亮。

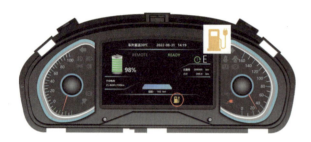

(8) 充电提醒灯。充电提醒：电量小于30%时指示灯点亮；在电量低于10%时,提示"请尽快充电"。

(9) READY 指示灯。车辆准备就绪时,该指示灯点亮。

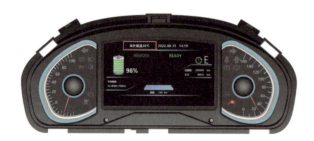

(10) 车外温度提示。可获悉车外温度。

(11) 驱动机电机功率表。查看驱动电机使用功率。

(12) 充电线连接指示灯。车辆进入充电准备状态时,仪表文字提示"请连接充电枪";车辆充电枪连接后,该指示灯点亮。

思考与练习

一、选择题

1. 下列不属于纯电动汽车的特点的是( )。
   A. 无污染,噪声低
   B. 能源效率高、多样化
   C. 结构简单
   D. 汽车的续驶里程和动力性可达到内燃机的水平

2. 下列不属于纯电动汽车的机构的组成的是( )。
   A. 底盘　　　　　　　　　　　B. 电气
   C. 内燃机　　　　　　　　　　D. 车身

3. 充电控制器属于三大模块中哪种控制模块?( )。
   A. 电力驱动主模块　　　　　　B. 车载电源模块
   C. 辅助模块　　　　　　　　　D. 动力源模块

4. 采用单电机驱动代替内燃机,制造成本低,传动效率低是哪种驱动方式? ( )。
   A. 轮毂驱动方式　　　　　　　B. 集中驱动方式

C. 分散驱动方式 D. 轮辋驱动方式

5. "在汽车行驶中进行能源分配,协调各功能部分工作的能量管理,使有限的能量源最大限度地得到利用"是对纯电动车哪个部件的描述?(　　)。

   A. 电力电子箱 B. 高压配电箱
   C. 电源管理模块 D. 齿轮箱

二、连线题

将文字与相对应的图片连线。

快充

慢充

任务二　认识混合动力汽车

传知解惑

当前普遍使用的燃油内燃机汽车存在种种弊病,统计表明在占80%以上的道路条件下,一辆普通轿车仅利用了动力潜能的40%,在市区还会跌至25%,更为严重的是排放废气污染环境。20世纪90年代以来,世界各国对改善环境的呼声日益高涨,各种各样的电动汽车脱颖而出。虽然人们普遍认为未来是电动汽车的天下,但是电池技术问题阻碍了电动汽车的应用。

现实迫使工程师们想出了一个两全其美的办法,开发了使用一种混合动力装置(Hybrid-Electric Vehicle,HEV)的汽车。所谓混合动力装置就是将电机与辅助动力单元组合在一辆汽车上作为驱动单元,辅助动力单元实际上是一台小型内燃机或动力发电机组。形象一点说,就是将传统内燃机尽量做小,让一部分动力由电池-电机系统承担。

一、混合动力汽车的定义和特点

"hybrid"译为混合,车尾部标有hybrid字样的汽车称为混合动力汽车,混合动力汽车是个大的概念,范围较广。国际电子技术委员会对混合动力车辆的定义为:在特定的工作条件下,可以从两种或两种以上的能量存储器、能量源或能量转换器中获取驱动能量的汽车。其中至少一种存储器或转化器要安装在汽车上。混合动力电动汽车至少有一种能量存储器、能量源或能量转化器可以传递电能。串联式混合动力车辆只有一种能量转化器可以提供驱动力,并联式混合车辆则由不止一种能量转换器提供驱动力。混合动力电动汽车是当今最具实际开发意义的低排放和低油耗汽车。较之纯电动汽车,混合动力电动汽车具有如下优点。

(1) 由于有原动机作为辅助动力,动力蓄电池的数量和质量可减小,因此汽车自身质量可以减小。

(2) 汽车的续驶里程和动力性可达到内燃机的水平。

(3) 借助原动机的动力,可带动空调、真空助力、转向助力及其他辅助电器,不用消耗动力蓄电池组有限的电能,从而保证了驾车和乘坐的舒适性。

二、混合动力汽车的基本组成

混合动力汽车（HEV）的主要组成包括内燃机、电机及其管理系统、动力分配装置和动力蓄电池及管理系统，如图 2-13 所示。

混合动力汽车基本组成

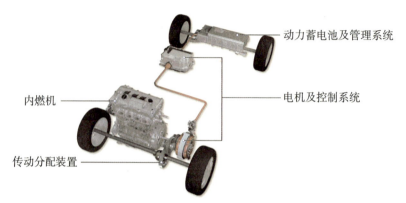

图 2-13 混合动力基本组成

（一）内燃机（图 2-14）

HEV 可以广泛地采用四冲程内燃机（包括汽油机和柴油机）、二冲程内燃机（包括汽油机和柴油机）、转子内燃机、燃气轮机和斯特林内燃机等。一般转子内燃机和燃气轮机的燃烧效率比较高，排放也比较洁净。采用不同的内燃机就可以组成不同的 HEV。

图 2-14 混合动力汽油内燃机

（二）电机及其控制系统

电机及其管理系统主要由电机控制器和驱动电机两部分组成，如图 2-15 所示。

电机控制器作为整个控制系统的控制中心,其功用是:接收电池输送过来的直流电能,逆变成三相交流电给电机提供电能;接受电机转速等信号反馈到仪表;当发生制动或者加速行为时,控制频率的升降,从而达到加速或者减速的目的。

发电机是将其他形式的能源转换成电能的机械设备;在 HEV 中,内燃机驱动发电机运转,将内燃机产生的能量转化为电能。

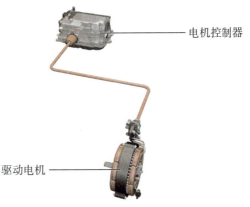

图 2-15 混合动力汽车电机及控制系统

混合动力汽车电机及控制系统组成

(三)传动分配装置

传动装置是指把动力源的运动和动力传递给执行机构的装置,介于动力源和执行机构之间,可以改变运动速度、运动方式和力或转矩的大小。主要由动力变速器、减速器及行星装置组成,其功用为:接收来自内燃机或者电机的动力,且将其动力传输给轮胎,从而促使车轮行驶。

(四)电池及管理系统(图 2-16)

HEV 可以采用各种不同的动力蓄电池、燃料电池、储能器和超级电容器等作为"电池",一般电池只作为 HEV 的辅助能源,只有在 HEV 用电机起动内燃机或电机辅助驱动时才使用。电池管理系统是能量管理系统的一个子系统。它通过实时检测和估算电池状态,包括外电压、温度、电流、直流内阻、极化电压、SOC、最大可用容量、老化程度以及一致性等,并据此提供电池组的优化使用方法,既防止动力蓄电池出现不合理使用,保障其使用的安全性和长寿命,又能最大限度地发挥其性能,提高车辆运行效率、驾驶舒适性,实现电池容量和能量利用的高效性。

混合动力汽车动力电池及管理系统组成

图 2-16 混合动力汽车动力蓄电池

三、混合动力汽车的类型

国家标准 GB/T 19596-2017《电动汽车术语》中对混合动力汽车 HEV(hybrid electric vehicle)的定义为：能够至少从可消耗的燃料、可再充电能或能量储存装置两类车载储存的能量中获得动力的汽车。

QC/T 837-2010《混合动力电动汽车类型》汽车行业标准中对混合动力汽车的组成分类如下：

（一）按照动力系统结构形式分类

按照动力系统结构形式可分为以下三类。

1. 串联式混合动力电动汽车

串联式混合动力电动汽车是车辆行驶系统的驱动力只来源于电机的混合动力电动汽车。典型的结构特点是内燃机带动发电机发电，电能通过电机控制器输送给电机，由电机驱动车辆行驶。另外，动力蓄电池可以单独向电机提供电能驱动车辆行驶。

串联式混合动力电动汽车系统结构如图 2-17 所示。串联式结构是由内燃机、发电机和驱动电机三大主要部件总成组成的。内燃机仅仅用于发电，发电机发出的电能通过电机控制器直接输送到电机，由电机产生的电磁力矩驱动汽车行走。发电机发出的部分电能向电池充电，来延长混合动力电动汽车的行驶里程。另外，电池还可以单独向电机提供电能来驱动电动汽车，使混合动力电动汽车在零污染状态下行驶。

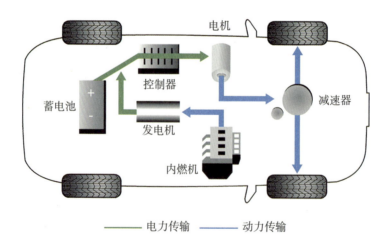

图 2-17 串联式混合动力电动汽车组成示意图

在串联式混合动力电动汽车上，由内燃机带动发电机所产生的电能和动力蓄电池输出的电能，共同输送给电机来驱动汽车行驶，电力驱动是唯一的驱动模式，动力流程图如图 2-

18 所示。电机直接与驱动桥相连,内燃机与发电机直接连接产生电能,来驱动电机或者给动力蓄电池充电,汽车行驶时的驱动力由电机输出,将存储在动力蓄电池中的电能转化为车轮上的机械能。当动力蓄电池的荷电状态(SOC)降到一个预定值时,内燃机即开始对动力蓄电池进行充电。内燃机与驱动系统并没有机械地连接在一起,这种方式可以很大程度地减少内燃机所受到的车辆瞬态响应。瞬态响应的减少可以使内燃机进行最优的喷油和点火控制,使其在最佳工况点附近工作。

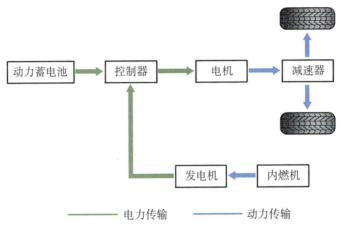

图 2-18 串联式混合动力电动汽车动力流程图

串联式混合动力电动汽车的内燃机能够经常保持在稳定、高效、低污染的运转状态,使有害气体的排放被控制在最低范围。串联式混合动力电动汽车从总体结构上看,比较简单,易于控制,只有电机的电力驱动系统,其特点更加趋近于纯电动汽车。三大部件总成在电动汽车上,布置起来有较大的自由度,但各自的功率较大,外形较大,质量也较大,因此,在中小型电动汽车上布置有一定的困难。另外,在内燃机-发电机-电机驱动系统中的热能-电能-机械能的能量转换过程中,能量损失较大。从内燃机发出的能量以机械能的形式从曲轴输出,并立即被发电机转换为电能,由于发电机的内阻和涡流,将会产生能量损失(效率为90%~95%)。电能随后又被电机转换为机械能,在电机和控制器中能量又进一步损失,平均效率为80%~85%。能量转换的效率要比内燃机汽车低,故串联式混合动力驱动系统较适合在大型客车上使用。

2. 并联式混合动力电动汽车(Parallel Hybrid Electric Vehicle, PHEV)

并联式混合动力电动汽车是车辆行驶系统的驱动力由电机及内燃机同时或单独供给的混合动力电动汽车。典型的结构特点是并联式驱动系统可以单独使用内燃机或电机作为动力源,也可以同时使用电机和内燃机作为动力源驱动车辆行驶。

并联式混合动力电动汽车系统结构如图 2-19 所示,有多种组合形式,可以根据使用要求选用。两大动力总成的功率可以互相叠加,内燃机功率和电机功率约为电动汽车所需最大驱动功率的 0.5~1 倍,因此,可以采用小功率的内燃机与电机,使得整个动力系统的装配尺寸、质量都较小,造价也更低,行程也比串联式混合动力电动汽车的长一些,其特点更加趋近于内燃机汽车。并联式混合动力驱动系统通常被应用在小型混合动力电动汽车上。

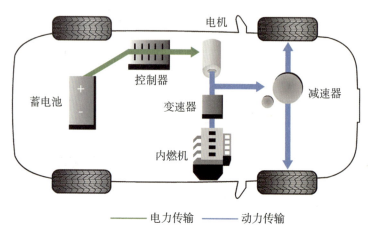

图 2-19 并联式混合动力电动汽车组成示意图

并联式驱动系统的典型动力流程图如图 2-20 所示。内燃机和电机通过某种变速装置同时与驱动桥直接相连接。电机可以用来平衡内燃机所受的载荷,使其能在高效率区域工作,因为通常内燃机工作在满负荷(中等转速)下,燃油经济性最好。当车辆在较小的路面载荷下工作时,内燃机汽车的内燃机燃油经济性比较差,而并联式混合动力电动汽车的内燃机此时可以被关闭掉而只用电机来驱动汽车,或者增加内燃机的负荷使电机作为发电机,给动力蓄电池充电以备后用(即一边驱动汽车,一边充电)。由于并联式混合动力电动汽车在稳定的高速下内燃机具有比较高的效率和相对较小的质量,所以它在高速公路上行驶时具有比较好的燃油经济性。

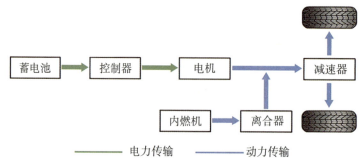

图 2-20 并联式混合动力电动汽车动力流程图

并联式驱动系统有两条能量传输路线,可以同时使用电机和内燃机作为动力源来驱动汽车,这种设计方式可以使其以纯电动汽车或低排放汽车的状态运行,但此时不能提供动力能源。并联式驱动系统的主要元件为动力合成装置,由于动力合成的实现方法具有多样性,相应的动力传动系统结构也多种多样,通常可将其分为驱动力合成式、转矩合成式和转速合成式3类。

(1) 驱动力合成式:驱动力合成式并联混合动力电动汽车示意图如图2-21(a)所示。其采用一个小功率的内燃机,单独地驱动汽车的前轮。另外一套电机驱动系统单独地驱动汽车的后轮,可以在汽车起动、爬坡或加速时增加混合动力电动汽车的驱动力。两套驱动系统可以独立驱动汽车,也可以联合驱动汽车,使汽车变成四轮驱动的电动汽车。此种混合动力电动汽车具有四轮驱动汽车的特性。

(2) 转矩合成式(双轴式和单轴式):转矩合成式并联混合动力汽车示意图如图2-21(b)和图2-21(c)所示。内燃机通过传动系统直接驱动混合动力电动汽车,并直接(单轴式)或间接(双轴式)带动电机转动向动力蓄电池充电。动力蓄电池也可以向电机提供电能,此时电机转换成电动机,可以用来起动内燃机或驱动汽车。

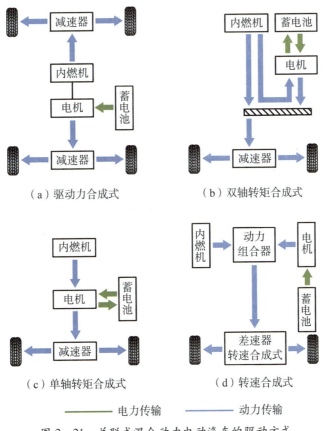

图2-21 并联式混合动力电动汽车的驱动方式

（3）转速合成式：转速合成式并联混合动力汽车示意图如图 2-21(d)所示。内燃机通过离合器和一个动力组合器来驱动汽车，电机也是通过动力组合器来驱动汽车。其可以利用普通内燃机汽车的大部分传动系统的总成，电机只需通过动力组合器与传动系统连接，结构简单，改制容易，维修方便。通常动力组合器就是一个行星齿轮机构，这种装置使内燃机或电机之间的转速可以灵活地分配，但它们组合在特定的动力组合器中，因为动力组合器使它们的转矩固定在电动汽车行驶时的转矩，要通过调节内燃机节气门的开度来与电机的转速相互配合，才能获得最佳传动效果，从而使得控制装备变得十分复杂。

3. 混联式混合动力电动汽车

混联式也称为串并联式，混联式混合动力电动汽车是具备串联式和并联式两种混合动力系统结构的混合动力电动汽车。典型的结构特点是可以在串联混合模式下工作，也可以在并联混合模式下工作，同时兼顾了串联式和并联式混合动力电动汽车的特点。

混联式驱动系统是串联式与并联式的综合，其结构示意图如图 2-22 所示。内燃机发出的功率一部分通过机械传动输送给驱动桥，另一部分则驱动发电机发电。发电机发出的电能输送给电机或动力蓄电池，电机产生的驱动力矩通过动力复合装置传送给驱动桥。混联式驱动系统的控制策略是：在汽车低速行驶时，驱动系统主要以串联方式工作；当汽车高速稳定行驶时，驱动系统则以并联工作方式为主。

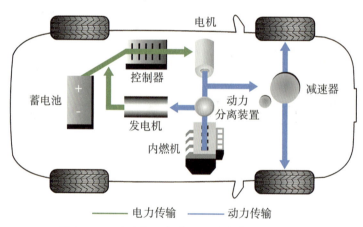

图 2-22 混联式混合动力电动汽车结构示意图

目前，混联式混合动力结构一般采用行星齿轮机构作为动力分配装置。有一种最佳的混联式结构是将内燃机、发电机和电机通过一个行星齿轮装置连接起来，动力从内燃机输出到与其相连的行星架，行星架将一部分转矩传送到发电机，另一部分传送到传动轴，同时发电机也可以驱动电机来驱动传动轴。这种机构有两个自由度，可以自由地控制两个不同的速度。此时车辆并不是串联式或并联式，而是两种驱动形式同时存在。这种形式充分利用了两种驱动形式的优点。

混联式驱动系统充分发挥了串联式和并联式的优点,能够使内燃机、发电机、电机等部件进行更多的优化匹配,从而在结构上保证了在更复杂的工况下使系统在最优状态工作,所以更容易实现排放和油耗的控制目标,因此是最具影响力的混合动力电动汽车。与并联式相比,混联式的动力复合形式更复杂,因此对动力复合装置的要求更高。目前的混联式结构一般以行星齿轮机构作为动力复合装置的基本构架。

其次,按混合程度又可分为:微混合型混合动力电动汽车、轻度混合型混合动力电动汽车、重度混合(强混合)型混合动力电动汽车。

(二)按照外接充电能力划分

1. 外接充电型混合动力电动汽车

一种被设计成在正常使用情况下可从非车载装置中获取电能量的混合动力电动汽车。插电式(plug-in)混合动力电动汽车属于此类型。这种类型的混合动力汽车,可以在纯电动模式下行驶,也可以在混合动力模式下行驶。行驶在混合动力模式下,与普通混合动力车辆的工作原理一样,驱动电机作为辅助驱动机构,主要起"削峰填谷"的作用,帮助发动工作在相对稳定的状态下,从而减少车辆的燃油消耗与排放;行驶在纯电动模式时,仅由动力电池组供应能量,从而实现纯电动驱动与零排放,因而在动力电池组电量用尽后需要外接充电,所以称之为插电式混合动力汽车。

2. 非外接充电型混合动力电动汽车

一种被设计成在正常使用情况下从车载燃料中获取全部能量的混合动力电动汽车。

(三)按照行驶模式的选择方式划分

1. 有手动选择功能的混合动力电动汽车

具备行驶模式手动选择功能的混合动力电动汽车。车辆可选择的行驶模式包括内燃机模式、纯电动模式和混合动力模式三种。

2. 无手动选择功能的混合动力电动汽车

不具备行驶模式手动选择功能的混合动力电动汽车。车辆的行驶模式根据不同工况自动切换。

3. 其他划分形式

(1)按照可再充电能量储存系统不同,可以划分为以下类型:

① 动力电池混合动力电动汽车(traction battery hybrid electric vehicle)。

② 超级电容器混合动力电动汽车(super capacitor hybrid electric vehicle)。

③ 机电飞轮混合动力电动汽车(electromechanical flywheel hybrid electric vehicle)。

④ 动力电池与超级电容器组合式混合动力电动汽车(traction battery and super

capacitor hybrid electric vehicle)。

（2）混合动力电动汽车按照其技术特征、燃料类型、功能结构和车辆用途等因素，还可有其他划分形式。

四、混合动力汽车的工作过程

双模式混合动力驱动技术如图 2-23 所示，它说明了在标准行驶过程中各种驱动技术的使用情况。

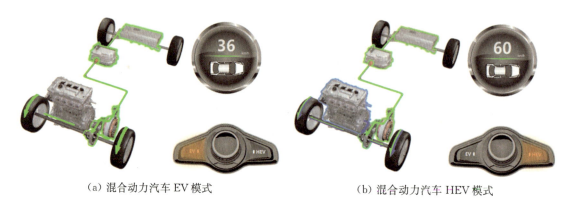

(a) 混合动力汽车 EV 模式　　　　　　　(b) 混合动力汽车 HEV 模式

图 2-23　混合动力驱动技术的使用

1. 纯电力驱动

有些混合动力设计可以仅通过电能驱动汽车，且在汽车达到一定速度或一定动力要求前混合动力内燃机保持关闭状态。因为电机在转速为 0 时可 100% 传输额定转矩，在汽车初始加速过程中电机可提供比内燃机更好的性能，纯电力驱动如图 2-24 所示。

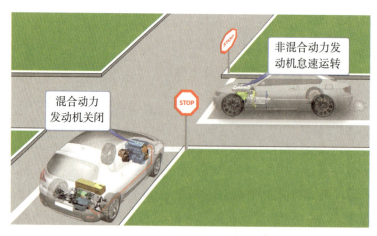

图 2-24　纯电力驱动

内燃机必须达到每分钟几千转才能达到最大转矩,与内燃机相比,电机的起动模式的排气量更小。除了纯电力驱动,一些混合动力设计还可以结合电机和内燃机的能量在高速或高负载时驱动汽车。虽然这并没有提高燃料燃烧的效率,但混合动力汽车的内燃机功率可以设计得更小,并能保持或超过传统汽车的加速能力,功率更小的内燃机会比非混合动力汽车消耗更少的燃料,因此提高了混合动力汽车的整体燃料燃烧效率。

2. 内燃机自动起动

传统汽车内燃机具有低电压起动机,驱动内燃机从停止状态达到约 200 r/min 的转速,起动时间需要 2~3 s,如图 2-25 所示,在内燃机起动转速较低时,内燃机起动需要额外燃料并造成废气排量增加。由于混合动力汽车的电机比传统上安装在内燃机内的起动机更为强大,可以驱动内燃机在 300 ms 之内达到标准怠速(约 600 r/min),如图 2-26 所示,在起动速度如此高的情况下,不需要额外燃料,也减少了废气排放量。对于汽车的驾驶员来说,混合动力汽车内燃机的起动可瞬间完成。

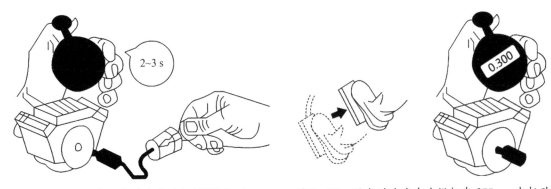

图 2-25 非混合动力内燃机(ICE)起动　　图 2-26 混合动力汽车内燃机在 300 ms 内起动

3. 转矩平滑

内燃机的曲轴并不是在内燃机的所有转速上都可以平滑地转动。燃烧过程的脉冲会导致曲轴速度每秒变化多次。这些振动在内燃机转速高的时候通常被掩盖住了,因此,非混合动力汽车的变速器换档速度以及变矩器离合器操作对应的内燃机转速被校准得较高。

此外,汽车的动力传动系统在以一定速度和负载转动时也会传递振动,转矩平滑指的是去除这些内燃机和传动系统造成的振动的过程。

在传统行驶条件下混合动力电动汽车使用转矩平滑和传动系统缓冲可以比非混合动力汽车校准更低的内燃机转速,从而提高燃料燃烧效率并减少排气量,这些条件包括:

(1) 变速器换档点对应更低的内燃机转速。

(2) 提早的变矩器离合器(TCC)闭锁(第二齿轮)。

(3) 智能燃料管理系统的扩展。

混合动力电动汽车能通过电子机械方式减小这些较低内燃机转速所带来的振动,并可主动或被动执行。

内燃机/发电机在内燃机操作和发电机操作间每秒循环多次,以进行智能转矩平滑,其情形包括发电机负载减小曲轴速度、内燃机帮助增加曲轴速度、平均效果平滑曲轴振动。

电机从 0 r/min 开始采用 100%的额定转矩来达到其最大额定速度,当曲轴速度由于燃烧循环开始变慢,即使内燃机速度也变慢,内燃机转矩也将保持稳定,这表示其具有较"平滑"的转矩曲线。电机在电机辅助系统和发电机之间的稳定转矩减少曲轴速度的变化,因此内燃机辅助系统或发电机负载帮助平滑曲轴的振动。飞轮式发电机启动器混合动力技术以及 GM 双模式混合动力技术应用了智能转矩平滑,带传动发电机启动器混合动力技术应用了被动转矩平滑,内燃机/发电机平滑的相同过程可应用于混合动力汽车传动系统以减缓底盘的振动。

4. 动力内燃机关闭

混合动力汽车的内燃机在汽车空挡滑行或停止状态下是不需要怠速运转的,这是因为混合动力系统的强大电机可以快速地自动起动内燃机,如图 2-27 所示。混合动力控制系统通常仅在汽车初始起动或内燃机低于正常工作温度时允许内燃机怠速,当内燃机处于正常工作温度时,只要加速踏板没有被踩下,内燃机都可以被关闭,如图 2-28 所示,取决于具体行驶情况,内燃机可以完全停止转动或继续转动,但是所有燃料喷射口都关闭。由于行驶性能的原因,通常内燃机仅能在汽车处于较低速度或停止状态时可以停止转动。混合动力内燃机关闭模式可以在某些情况下禁用,例如当混合动力汽车动力蓄电池亏电需要充电辅助或只有在内燃机工作时才能达到车内制冷供暖要求,汽车工作在自动停止模式可能需要对汽车其他系统做出改进。

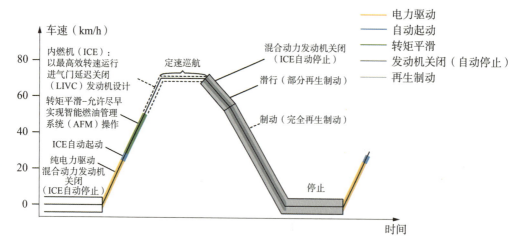

图 2-27 混合动力内燃机关闭模式

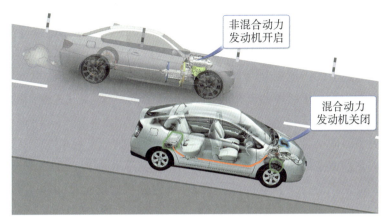

图 2-28 混合动力内燃机关闭模式（空挡滑行）

5. 再生制动

制动作为汽车的三大基本功能（行驶、转向和制动）之一，直接影响汽车的安全性。在混合动力汽车的研究和开发中，再生制动是一种降低能耗、减小排放、增加续驶里程的重要手段。以一辆自重 1 500 kg 的轿车为例，当它以 70 km/h 的速度行驶时开始制动，起始动能可达 300 kJ，如果此能量能够全部回收并用于整车行驶，可以驱动车辆行驶 1.8 km。但在传统汽车中没有再生制动系统，这些能量大部分以热能的形式消耗掉了。中国西部大部分地区道路起伏变化明显，常有数百米的坡道，在下坡时将车辆的制动减速能量回收储存起来，需要时再释放出来使用，不但可以节省能源，还可减少制动系统的磨损。在中国的城市交通中，由于汽车保有量的急剧增加导致道路拥堵等问题日益严重，频繁的加速和减速更需要再生制动系统回收能量。因此，对于量产的混合动力汽车再生制动系统的研究具有重要意义，技术成熟后将产生巨大的经济价值和社会效益。

再生制动（Regenerative Braking）也称反馈制动，是一种多使用在汽车或铁路列车上的制动技术，在汽车行驶时获取可以使用但在传统汽车制动或空挡滑行时浪费掉的能量的过程。非混合动力汽车在制动时，制动系统将汽车的动量转化为热能，因此在制动时，汽车在运动时"储存"在汽车内的动能被浪费掉了。在混合动力设计中，这些在制动空挡滑行时浪费掉的汽车能量的一部分可通过电机转化为电能，电机将作为发电机工作，在使汽车制动的同时产生电能并向混合动力汽车动力蓄电池充电，如图 2-29 所示。

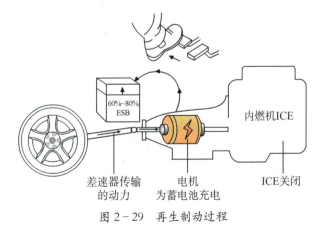

图 2-29 再生制动过程

产生电能的负载与标准液压制动系统一起使汽车减速。当驾驶员踩下制动踏板后,电动泵使制动液增压产生所需的制动力,制动控制与电机控制协同工作,确定电动汽车上的再生制动力矩和前后轮上的液压制动力。再生制动时,再生制动控制回收再生制动能量,并且反充到动力蓄电池中。与传统燃油车相同,电动汽车上的 ABS 及其控制阀的作用是产生最大的制动力。

系统使用更多时间结合再生制动与液压制动系统,因此对于汽车驾驶员来说,制动时间较为理想。获取之前浪费的能量也是使混合动力电动汽车比非混合动力汽车更节省能源的优势之一。在制动空挡滑行中获取的能量更多,则内燃机向混合动力汽车动力蓄电池充电所需时间就更短。除了增加燃料燃烧效率,由于制动系统无须全部承担降低车速的工作,汽车的制动系统维护间隔也得以提高。

混合动力分为两种充电模式,分为:插电式和非插电式。

模块一 以丰田普锐斯混合动力汽车(非插电式)为例

一、混合动力汽车认知

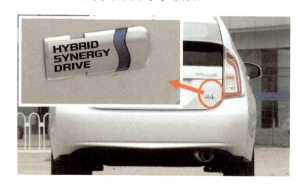

车身上标有 HYBRD SYNERGY DRIVE(油电复合驱动系统)字样,一般标注在汽车尾部。

二、混合动力汽车内燃机舱认知

(1)打开内燃机舱盖。
(2)查看有无内燃机和变频器,两者都有表示是混合动力。

三、混合动力汽车电池组的认知

(1) 打开行李舱盖取出隔板。

(2) 查看有无动力蓄电池包,若有为混合动力。

(3) 查看行李舱的右侧是否有 12 V 的蓄电池,若有为混合动力。

四、混合动力汽车车内配置认知

(1) 在红色危险警告灯开关上方有 EV、ECO、PWR 三个按钮。分别表示:

EV:纯电动驾驶模式。
ECO:环保驾驶模式。
PWR:动力模式开关。

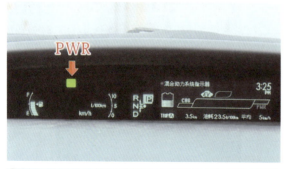

(2)当操作 EV、ECO、PWR 三个按钮时,相应的仪表板灯点亮。

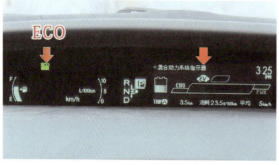

(3)多信息显示屏。向驾驶员提供各种与驾驶相关的数据,包括:混合动力系统指示器、月消耗记录、能源监视器等。

(4)左侧右侧按键。左侧按键控制电台的音量,右侧按键控制显示器上界面切换。其中按"DISP"或"TRIP"按钮时,触按追踪显示将出现在仪表板上。

(5) 制动键。按键时,可直接制动。

(6) 自动挡。由五个挡位组成,分别是:R、N、D、B位。

R:代表倒车挡。

N:代表空挡。

D:前进挡。

B:发动机制动,在很长的下坡时使用,同时具有能源回收利用功能。

模块二 以比亚迪混合动力汽车(插电式)为例

一、混合动力汽车认知

(1) 车身上标有DM双模电动车(2种模式分别为EV模式和HEV模式;双擎分别为内燃机和电机)字样,一般标注在汽车尾部。

(2) 查看汽车尾部是否有充电装置。比亚迪·秦可充电也可放电。车不仅可以接受外部电量,还可以反向放电,给外部充电。

二、混合动力汽车内燃机舱认知

查看内燃机舱内是否同时拥有内燃机和驱动电机控制器;两者皆有为混合动力汽车。

三、混合动力汽车动力蓄电池认知

(1) 打开行李舱盖,取出隔板。

(2) 查看是否有动力蓄电池。

四、混合动力汽车车内配置认知

(1) 模式调节开关。可切换 ECO(环保模式)和 SPORT(动力模式)两种行车方式。

当操作 ECO、SPORT 两个按钮时,相应的仪表板灯点亮。

(2) 电量表。电量表用百分比显示当前车辆动力蓄电池预计剩余的电量。

(3) 室外温度显示。可查看室外温度。

(4) 能量流程图。用于指示发动机、电机、电池、车轮之间的能量流向状态。

思考与练习

一、选择题

1. 在车辆加速和爬坡时,电机可向车辆行驶系统提供辅助驱动力矩的混合动力电动汽车称为哪种汽车(　　)。
   A. 重度混合(强混合)型混合动力电动汽车
   B. 轻度混合型混合动力电动汽车
   C. 纯电动汽车
   D. 微混合型混合动力电动汽车

2. 下列不属于混合动力汽车的优点是(　　)。
   A. 由于有原动机作为辅助动力,动力蓄电池的数量和质量可减少,因此汽车自身质量可以减小。
   B. 汽车的续驶里程和动力性可达到内燃机的水平。
   C. 借助原动机的动力,可带动空调、真空助力、转向助力及其他辅助电器,不用消耗动力蓄电池组有限的电能,从而保证了驾车和乘坐的舒适性。
   D. 无污染,噪声低。
3. 下列对混合动力汽车的工作过程排序正确的是(　　)。
   ① 电力驱动　　　② 内燃机自动起动　③ 转矩平滑
   ④ 动力内燃机关闭　⑤ 再生制动
   A. ①②③④⑤　　B. ②①③④⑤　　C. ⑤②③①④　　D. ⑤①②③④

二、连线题

将文字与相对应的图片连线。

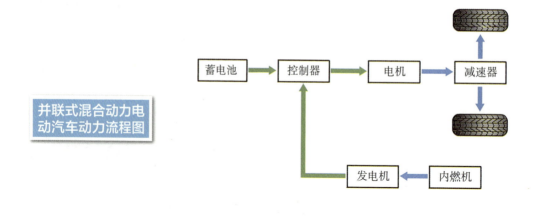

并联式混合动力电动汽车动力流程图

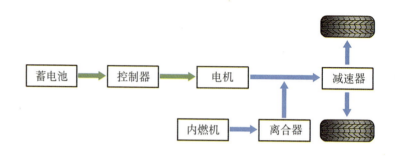

串联式混合动力电动汽车动力流程图

任务三　认识氢燃料电池汽车

传知解惑

与燃油车相近的氢气加注时间、与纯电动车相差无几的排放水平、在寒冷状态下续驶里程不会大幅度衰减……诸多的优势使得人们对氢燃料电池车越来越关注,部分国家与车企也着手在氢燃料汽车上做文章。作为一种真正意义上的"零排放,无污染"载运工具,是未来新能源清洁动力汽车的主要发展方向之一。氢燃料电池汽车的进一步研发与量产化,必将成为全球汽车工业领域的一场新革命。

一、氢燃料电池电动汽车的基本组成

氢燃料电池电动汽车主要由燃料电池、高压储氢罐、动力蓄电池、DC/DC转换器、驱动电机和整车控制器等组成,如图 2-30 所示。

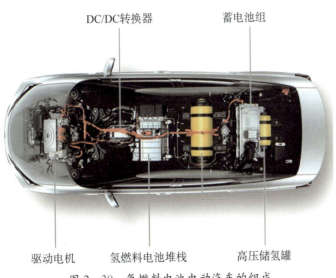

图 2-30　氢燃料电池电动汽车的组成

（一）燃料电池

燃料电池是燃料电池电动汽车的主要动力源,它是一种不燃烧燃料而直接以电化学反应方式将燃料的化学能转变为电能的高效发电装置。

发电的基本原理是,电池的阳极(燃料极)输入氢气(燃料),氢分子(H_2)在阳极催化剂作用下被离解成为氢离子(H^+)和电子(e^-),氢离子(H^+)穿过燃料电池的电解质层向阴极(氧化极)方向运动,电子(e^-)因通不过电解质层而由一个外部电路流向阴极;在电池阴极输入氧气(O_2),氧气在阴极催化剂作用下离解成为氧离子(O^{2-}),与通过外部电路流向阴极的电子(e^-)和燃料穿过电解质的氢离子(H^+)结合生成稳定结构的水(H_2O),完成电化学反应,放出热量。这种电化学反应与氢气在氧气中发生的剧烈燃烧反应是完全不同的,只要阳极不断输入氢气,阴极不断输入氧气,电化学反应就会连续不断地进行下去,电子(e^-)就会不断通过外部电路流动形成电流,从而连续不断地向汽车提供电力。

（二）高压储氢罐

高压储氢罐是气态氢的储存装置,用于给燃料电池供应氢气。为保证燃料电池电动汽车一次充气有足够的续驶里程,就需要多个高压储氢罐来储存气态氢气。一般轿车需要2～4个高压储氢罐,大客车上需要5～10个高压储氢罐。

（三）储能电池

根据FCEV的设计方案不同,其所采用的辅助动力源也有所不同,可以用动力蓄电池组、飞轮储能器或超大容量电容器等共同组成双电源系统。

（四）DC/DC转换器

FCEV的燃料电池需要装置单向DC/DC转换器,动力电池和超级电容器需要装置双向DC/DC转换器。DC/DC转换器的主要功能有调节燃料电池的输出电压,能够升压到650 V;调节整车能量分配;稳定整车直流母线电压。

（五）驱动电机

氢燃料电池电动汽车用的驱动电机主要有直流电机、交流电机、永磁同步电机和开关磁阻电机等,具体选型必须结合整车开发目标,综合考虑电机的特点。

（六）整车控制器

整车控制系统是燃料电池电动汽车的大脑,由燃料电池管理系统、电池管理系统、驱动电机控制器等组成,它一方面接收来自驾驶员的需求信息(如点火开关、加速踏板、制动踏板、挡位信息等)实现整车工况控制;另一方面基于反馈的实际工况(如车速、制动、电机转速等)以及动力系统的状况(燃料电池及动力蓄电池的电压、电流等),根据预先匹配好的多能源控制策略进行能量分配调节控制。

氢燃料电池电动汽车的工作原理如图 2-31 所示,高压储氢罐中的氢气和空气中的氧气在汽车搭载的燃料电池中发生氧化还原化学反应,产生出电能,驱动电机工作,驱动电机产生的机械能经减速机构传给驱动轮,驱动汽车行驶。

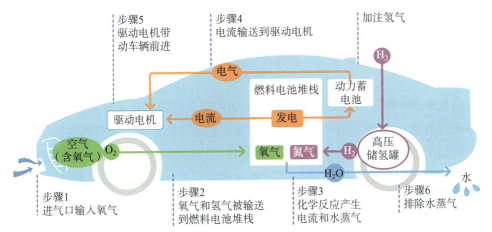

氢燃料电动汽车基本原理

图 2-31　燃料电池电动汽车的工作原理

二、氢燃料电池电动汽车的特点

(一) 氢燃料电池电动汽车的优点

燃料电池电动汽车与内燃机汽车和纯电动汽车相比,具有以下优点。

(1) 效率高。燃料电池的工作过程是化学能转化为电能的过程,不受卡诺循环的限制,能量转换效率较高,可以达到 30% 以上,而汽油机和柴油机汽车整车效率分别为 16%~18% 和 22%~24%。

(2) 续驶里程长。采用燃料电池系统作为能量源,克服了纯电动汽车续驶里程短的缺点,其长途行驶能力及动力性已经接近于传统汽车。

(3) 绿色环保。燃料电池没有燃烧过程,以纯氢作为燃料,生成物只有水,属于零排放。采用其他富氢有机化合物用车载重整器制氢作为燃料电池的燃料,生产物除水之外还可能有少量的 CO_2,接近零排放。

(4) 过载能力强。燃料电池除了在较宽的工作范围内具有较高的工作效率外,其短时过载能力可达额定功率的 200% 或更大。

(5) 低噪声。燃料电池属于静态能量转换装置,除了空气压缩机和冷却系统以外无其他运动部件,因此与内燃机汽车相比,运行过程中噪声和振动都较小。

(6)设计方便灵活。燃料电池电动汽车可以按照 X-By-Wire 的思路进行设计,改变传统的汽车设计概念,可以在空间和质量等问题上进行灵活的配置。

(二)氢燃料电池电动汽车的缺点

(1)燃料电池电动汽车的制造成本和使用成本过高。

(2)辅助设备复杂,且重量和体积较大。

(3)起动时间长,系统抗振能力有待进一步提高。此外,在 FCEV 受到振动或者冲击时,各种管道的连接和密封的可靠性需要进一步提高。以防止泄漏,降低效率,严重时引发安全事故。

氢燃料电池汽车动力驱动系统的参数匹配是一个比较复杂的优化问题,只有在建立精确完整的仿真模型基础上,经过反复的寻优计算才能达到最佳的效果。燃料电池汽车动力驱动系统的不同构型方式、参数匹配以及整车控制策略,是影响车辆动力性和经济性的三个重要因素,三者之间关联度很大、相互影响,同时优化难度很大,且针对不同构型方式、采取不同的控制策略及参数匹配,整车的性能往往差异显著。因此,为完成整车动力驱动系统的参数匹配,有必要对三者进行解耦。

三、氢燃料电池系统

单独的燃料电池堆是不能发电并用于汽车的,它必须和燃料供给与循环系统、氧化剂供给系统、水/热管理系统和一个能使上述各系统协调工作的控制系统组成燃料电池发电系统,简称燃料电池系统。

燃料电池系统的运作一般采用计算机进行控制,根据 FCEV 的运行工况,通过 CAN 总线系统进行信息传递和反馈,并经过计算机的处理,以保证燃料电池正常运行。

燃料电池控制器根据外需的电功率控制燃料电池组的燃料调节、电池的温度调节(冷却)、湿度调节从而控制发电功率,燃料电池发电后经单向 DC/DC 转换器输出。

FCEV 的电力系统和驱动系统。FCEV 是以燃料电池为主要电源和以电机驱动为唯一的驱动模式的电动车辆,目前,因受到燃料电池起动较慢和燃料电池不能用充电来储存电能的限制,在 FCEV 上还需要增加辅助电源来加速 FCEV 的起动所需要的电能和储存车辆制动反馈的能量。FCEV 上的关键装备为 DC/DC 变换器、驱动电机及传动系统、动力蓄电池等。

以氢气为燃料的燃料电池系统

在 FCEV 所采用的燃料电池系统中,为保证 PEMFC 组的正常工作,除以 PEMFC 组为核心外,还装有氢气供给系统、氧气供给系统、气体加湿系统、反应生成物的处理系统、冷却系统和电能转换系统等。只有这些辅助系统匹配恰当和正常运转,才能保证燃料电池系统正常运转。

图 2-32 所示是以氢为燃料的燃料电池系统,图 2-33 所示是以氢气为燃料的 FCEV 的总布置基本结构模型。

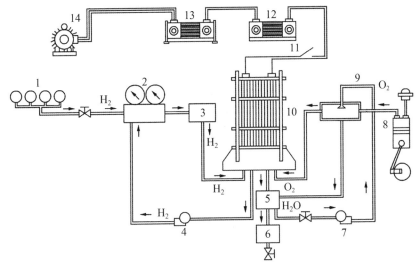

1-高压储氢罐　2-氢气压力调节仪表　3-热交换器　4-氢气循环泵　5-冷凝器及水分离器　6-散热器　7-水泵　8-空气压缩机(或氧气罐)　9-加湿器及去离子过滤装置　10-燃料电池组　11-电源开关　12-DC/DC 变换器　13-逆变器　14-驱动电机

图 2-32　以氢为燃料的燃料电池系统

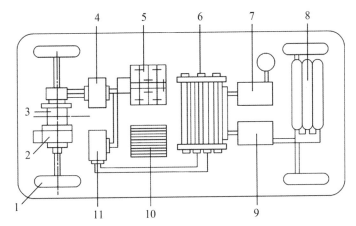

1-驱动桥　2-驱动系统　3-驱动电机　4-逆变器　5-辅助电源装置(动力蓄电池包+飞轮储能器或动力蓄电池包+超级电容)　6-燃料电池系统　7-空气压缩机及空气供应系统辅助装置　8-氢气储存罐　9-氢气供应系统辅助装置　10-中央控制器　11-动力 DC/DC 变换器

图 2-33　以氢气为燃料的 FCFV 的总布置基本结构模型

(1) 氢气供应、管理和回收系统。气态氢的储存装置通常用高压储气瓶来装载,对高压储气瓶的品质要求很高,为保证燃料电池电动汽车一次充气有足够的行驶里程,就需要多个高压储气瓶来储存气态氢气。一般轿车需要 2~4 个高压储气瓶,大客车上需要 5~10 个高压储气瓶。

液态氢气虽然能量高于气态氢,但由于液态氢气处于高压状态,它不仅需要用高压储气瓶储存,还要用低温保温装置来保持低温,且低温的保温装置是一套复杂的系统。

在使用不同压力的氢气(高压气态氢气和高压低温液态氢气)时,就需要用不同的氢气储存容器,不同的减压阀、调压阀、安全阀、压力表、流量表、热量交换器和传感器等来进行控制,并对各种管道、阀和仪表等的接头采取严格的防泄漏措施。从燃料电池中排出的水,含有未发生反应的少量的氢气。正常情况下,从燃料电池排出的少量的氢气应低于 1%,应用氢气循环泵将少量的氢气回收。

(2) 氧气供应和管理系统。氧气的来源有从空气中获取氧气或从氧气罐中获取氧气,空气需要用压缩机来提高压力,以增加燃料电池反应的速度。在燃料电池系统中,配套压缩机的性能有特定的要求,压缩机质量和体积会增加燃料电池系统的质量、体积和成本,压缩机所消耗的功率会使燃料电池的效率降低。空气供应系统的各种阀、压力表、流量表等的接头要采取防泄漏措施。在空气供应系统中还要对空气进行加湿处理,保证空气有一定的湿度。

(3) 水循环系统。燃料电池系统在反应过程中将产生水和热量,在水循环系统中用冷凝器、气水分离器和水泵等对反应生成的水和热量进行处理,其中一部分水可以用于空气的加湿。另外还需要装置一套冷却系统,以保证燃料电池的正常运作。

(4) 电力管理系统。燃料电池所产生的是直流电,需要经过 DC/DC 变换器进行调压,在采用交流电机的驱动系统中,还需要用逆变器将直流电转换为三相交流电。

以氢气为燃料的燃料电池系统的各种外围装置的体积和质量占燃料电池系统总体积和质量的 1/3~1/2。

四、车载氢气系统安全措施

氢气很容易从小孔中泄漏,对于透过薄膜的扩散,氢气的扩散速度是天然气的 3.8 倍。另外,氢气在空气中很低的体积浓度时即可燃烧。

应有压力过高安全报警等措施,不允许发生诸如下游压力升高的现象。燃料电池电动汽车燃料系统中应设有低压保护装置,当储氢罐内部压力低于要求的压力时,其防护装置应能够及时切断燃料的输出。在起动、行车、停车、关闭等常规操作中,应保证在释放、吹扫和其他溢出等情况下,跟氢气有关的危害不会发生。汽车排气时,不能导致汽车周围、乘员舱及其他舱中氢气浓度超过限制。当发生故障或意外事故时,燃料系统需要通风放气。气体流动的方位、方向应远离人、电、点火源。放气装置应安装在汽车的高处，且应防止排出的氢气对人员造成危害，避免流向汽车的电气端子、电气开关器件或点火源等部件。在可能发生泄漏的部位，都应合理地安装氢气泄漏探测器。燃料电池系统部件的导体外壳应同电平台连接，确保在氢气泄漏时，不会因静电而引燃氢气。所有的燃料系统应安装牢固，避免因汽车振动而导致损坏、泄漏等故障。所有燃料系统的部件都要采取适当的保护措施，且不应放置在汽车的最外端，压力释放装置（PRD）和排气管除外。可能排出或泄漏出氢气的出口应远离可能产生火花或高热的器件。

总的来说，车载氢气系统安全措施应从预防与监控两方面着手。如图 2-34 所示是从预防的角度给出的车载氢气安全实例。

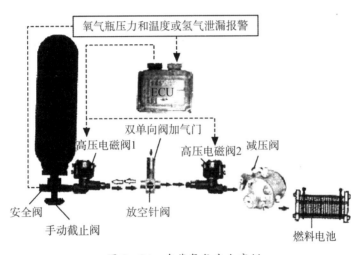

图 2-34　车载氢气安全实例

通过借鉴美国国家航空和宇航局储存氢气的经验，选择合适的储罐材料，可以有效地解决氢气泄漏问题。例如用塑料内胆和铝内胆碳纤维缠绕的高压储氢罐因其质量小、单位质量储氢密度高，与钢制容器相比很好地解决了氢脆问题，同时也大大降低了成本。在美国加利福尼亚州进行的电池示范项目中基本都采用了碳纤维缠绕高压储氢罐。目前高压氢罐一般工作压力为 350 bar（1 bar＝0.1 MPa）。工作压力可高达 700 bar 的高压氢罐也已经通过了相应的试验。储氢罐应使用符合国家相关标准规定的车用储氢压力容器，在无国家标准之前，可参考相关的国际标准执行。储氢系统应有反映储氢罐内温度的传感器，能够反映罐内气体温度。

汽车燃料应包含能够保证燃料加注时切断向燃料电池系统供应燃料的功能。燃料加注口应具有能够防止灰尘、液体和污染物等进入的防尘盖。防尘盖旁边应注明燃料加注口的最大加注压力。燃料加注口应设置在汽车侧面。燃料加注口应有消除汽车静电的措施。燃料加注口应能够承受来自任意方向的 670 N 的载荷，不应影响到燃料系统气密性。

气体流动的高压管路的材质一般会选用不锈钢,耐压要大于 5 000 lbf/in² (1 lbf/in² ≈ 6.89 kPa)。在国内,同济大学自行开发设计的燃料电池轿车采用丁泰克公司提供的铝内胆碳纤维缠绕的高压储氢罐。以"超越 3 号"为例,储氢罐的工作压力为 350 bar,储氢总量 2.67 kg,续驶里程 230 km。

在开放空间碰撞的情况下,如果存储罐不破裂,它可以承受比汽车本身更高的压力。在燃料电池轿车上有多个装置保证车载氢气系统的安全性。具体包括以下几种:

(1) 存储罐电磁阀。存储罐电磁阀为 12 V 直流电源驱动,无电源时处于常闭状态,主要起到开关气瓶的作用,与氢气泄漏传感器系统联动,一旦泄漏氢气浓度达到保护值便能自动关闭,从而达到切断氢源的目的。驾驶员离开车时,此电磁阀断电,管路截止。

(2) 管路电磁阀。放在减压阀前部,当外界给气瓶充气时,可有效防止气体进入电池。

(3) 减压阀。位于管路电磁阀和电池堆之间,可以将氢气的压力调节到电池所需要的压力。

(4) 手动放气针阀。当出现危险的时候针阀可以将氢气瓶中的残余氢气安全放空。

(5) 安全阀。位于存储罐上,当气瓶中氢气压力超过设定值后,能通过气罐安全阀自动泄压,例如在气瓶体温度由于某种原因突然升高造成气瓶内气体压力上升,当压力超过安全阀设定值时,安全阀自动泄压,保证气瓶在安全的工作压力范围之内。

(6) 单向阀。当注气接头出现损坏情况下防止气体向外泄漏并提高受气头的使用寿命,通常采用两单向阀串联提高可靠性。

(7) 手动截止阀。手动截止阀通常处于常开状态,当气瓶电磁阀失效时能手动切断氢源。气罐电磁阀和手动截止阀联合作用,有效地避免了氢气泄漏。

(8) 温度传感器和压力传感器。位于存储罐上,用于检测罐内的温度和压力,控制单元用以控制系统运行,避免系统工作在不正确的温度与压力下并可实现报警功能。温度传感器是用来检测气罐内气体温度的部件,可以将气体的温度信号发送到驾驶室仪表板上,通过气体温度的变化来判断外界是否有异常情况发生。例如在气体温度突然急剧上升时,如果排除温度传感器故障,则在氢气瓶周围有可能有火警发生。压力传感器主要用于判断气瓶中的氢气量,保证车辆的正常行驶,当压力低于某值可以提示驾驶员加注氢气。加气口在加注的时候与加气机的加气枪相连,从而达到加注的目的,同时具有单向阀的功能,应与未遮蔽的电气接头、电气开关和其他点火源保持至少 200 mm 的距离。

(9) 氢气泄漏传感器。由于氢气传感器的测量原理不同,造成了其测量灵敏度及测量范围的差别,主要有半导体式、催化燃烧式、电化学式以及光化学式等。根据传感器的量程不同,又可以分为低量程 TGS821(1 000×10⁻⁶~5 000×10⁻⁶)传感器和高量程 TGS813(1 000×10⁻⁶~10 000×10⁻⁶)传感器,灵敏度上低量程的反应比较快,并且两种传感器在低浓度时反应比较明显。传感器可以等效于两个电阻,一个是可变电阻,另一个是固定电阻。可变电阻是随着氢气浓度、湿度、温度变化而变化,其中氢气浓度和湿度对它的影响比较大。传感器的可变电阻是随着浓度变大而变小(即信号端的输出电压也变大)。固定电阻是用来加热的。根据不同的要求,在车上对氢气传感器类型、数量以及布置的位置均有一定的要求。一般来说,出于对安全性能的考虑,氢能汽车总共要求安装 4 个氢气传感器,而所有传感器信号需直接传送到仪表板的醒目位置,及时通知驾驶员。

一般在行李舱布置 2 个氢气泄漏报警仪,报警值设置为三级。

一级:氢气浓度达到 $1\,000\times10^{-6}$(2.5%LEL)时报警,系统自动切断氢气供应,由驾驶员将车移至指定的安全区域由专人检查整个系统。

二级:氢气浓度达到 $5\,000\times10^{-6}$(12.5%LEL)时报警,红色报警,建议驾驶员切断氢气供应,将车开至指定的安全区域由专人检查整个系统。

三级:氢气浓度达 $10\,000\times10^{-6}$(25%LEL)时报警,黄色报警,建议提醒驾驶人及时停机用氧气检漏工具检查供氢系统。

在车内布置两个报警仪,报警值设置在 $1\,000\times10^{-6}$(2.5%LEL)和 $5\,000\times10^{-6}$(12.5%LEL),报警级别为一级和二级,分别安装在后座的左右两侧。

报警系统需要自带有蜂鸣器,氢气传感器需要常供电,在不开车的情况下如果测到氧气泄漏,蜂鸣器可以发出报警声音。

(10) 碰撞传感器。在车辆发生碰撞的情况下,整车控制系统能通过车上安装的碰撞传感器关闭存储罐电磁阀。

以丰田 Mirai 燃料电池汽车为例。

一、燃料电池汽车认知

(1) 车辆尾部、两个后视镜前端,有 FUEL CELL 字样,为燃料电池汽车。

(2) 汽车右端尾部有加氢装置,为燃料电池汽车。

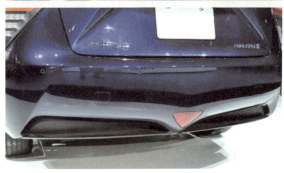

(3) 汽车尾部无排气管。

二、燃料电池汽车前机舱认知

(1) 打开汽车前机舱盖。
(2) 前机舱盖内无内燃机。
(3) 前机舱内动力控制单元上方装饰盖有 FUEL CELL 字样。

三、燃料电池车内配置认知

(1) 有"ECO""POWER"两种驾驶模式。

(2) 中央台顶部中央处有高清 TFT 显示屏，显示时速和常规信息。转向盘正下方没有传统的仪表板。

(3) 转向盘后方有排水键。

思考与练习

一、选择题

1. "一种不燃烧燃料而直接以电化学反应方式将燃料的化学能转变为电能的高效发电装置"指的是哪种氢燃料汽车的组件？（   ）。

    A. 高压储氢罐　　　　B. 燃料电池　　　　C. 辅助动力源　　　　D. 驱动电机

2. 下列对氢燃料电池电动汽车特点描述错误的是（   ）。

    A. 燃料电池的工作过程是化学能转化为电能的过程，不受卡诺循环的限制，能量转换效率较高，可以达到 30% 以上，而汽油机和柴油机汽车整车效率分别为 16%～18% 和 22%～24%。

    B. 采用燃料电池系统作为能量源，克服了纯电动汽车续驶里程短的缺点，其长途行驶能力及动力性已经接近于传统汽车。

    C. 借助原动机的动力，可带动空调、真空助力、转向助力及其他辅助电器，不用消耗动力蓄电池组有限的电能，从而保证了驾车和乘坐的舒适性。

    D. 燃料电池没有燃烧过程，以纯氢作为燃料，生成物只有水，属于零排放。

3. "超越 3 号"为例，高压储氢罐的工作压力是（   ）。

    A. 300 bar　　　　B. 350 bar　　　　C. 250 bar　　　　D. 200 bar

4. "H_2 e^- H^+"依次分别代表(　　)。
   A. 氢分子　电子　氢离子　　　　　　B. 氢离子　电子　氢分子
   C. 电子　氢分子　氢离子　　　　　　D. 氢分子　氢离子　电子
5. 燃料电池客车(FCBUS)的参数匹配数学模型是(　　)。
   A. $\min z = f(X)$　　B. $g_i(X) \leqslant 0$　　C. $\min \gamma = f(X)$　　D. $y_i(X) \leqslant 0$

二、判断题

1. 氢燃料是汽车一种真正意义上的"零排放,无污染"载运工具。　　　　　　(　　)
2. 高压储氢罐是气态氢的储存装置,用于给燃料电池供应氢气和空气。　　　(　　)
3. FCEV 的燃料电池不需要装置单向 DC/DC 转换器。　　　　　　　　　　(　　)
4. 动力源的不同构型主要目的是为了实现整车燃料经济性最优和制造成本最低。(　　)
5. 一般在行李舱布置 2 个氢气泄漏报警仪,报警值设置为三级。　　　　　　(　　)

三、连线题

1. 请找出下列组成的作用并进行连线

储能电池	调节燃料电池的输出电压
DC/DC 转换器	实现整车工况控制,根据预先匹配好的多能源控制策略进行能量分配调节控制
驱动电机	储能和供能
燃料电池	不燃烧燃料而直接以电化学反应方式将燃料的化学能转变为电能的高效发电装置
高压储氢罐	将电能转换成机械能
整车控制器	气态氢的储存装置,用于给燃料电池供应氢气

四、填空题

根据相对应点,写出氢燃料电池车的优缺点。

(1) 短时过载能力可达额定功率的 200% 或更大:_____。

(2) 燃料电池属于静态能量转换装置:_____。

(3) 改变传统的汽车设计概念,可以在空间和质量等问题上进行灵活的配置：_____ _____。

(4) 长途行驶能力及动力性已经接近于传统汽车：_____。

(5) 燃料电池的工作过程是化学能转化为电能的过程,不受卡诺循环的限制,能量转换效率较高_____。

任务四　认识其他新能源汽车

新能源汽车日益活跃，几乎所有的世界汽车巨头都在研制新能源汽车。电曾经被认为是汽车的未来动力，但动力蓄电池漫长的充电时间和重量使得人们渐渐对它兴味索然。而2009年的电与汽油合用的混合动力车只能暂时性地缓解能源危机，只能减少但无法摆脱对石油的依赖。氢动力燃料电池仿佛实现真正电动汽车的意义，但是面对较高的造价及充注方法让人们望而却步。但是人们对新能源的探索从未止步，人们还在思索还有哪些是可以供汽车使用，真正地无污染、不受不可再生资源限制，并且可以完全替代传动汽车，成为各方追逐的对象。

一、压缩空气汽车

压缩空气动力汽车简称气动汽车，利用高压压缩空气为动力源，将压缩空气存储的压力能转化为其他形式的机械能，从而驱动汽车运行，如图 2-35 所示为法国 MDI 的气动汽车，在加气站 3 min 可加满气（在家里用家用机加气要 4 h），加一次气 14 元人民币，以 96 km/h 的速度可跑 300 km，一般 1 罐 300 L、30 MPa 压力的压缩空气，可以行驶 200 km，最高车速达

图 2-35　压缩空气汽车

100 km/h,近期又推出了最高车速达 110 km/h,一次充气行驶 300 km/h 的压缩空气动力汽车,从理论上来说,以液态空气和液氮等吸热膨胀做功为动力的其他气体动力汽车也应属于气动汽车的范畴。

(一) 压缩空气汽车组成

压缩空气汽车是在原有的原型车上单一供油系统不变的基础上,加装一套使用压缩天然气作为燃烧原料的装置,主要由:储气系统、供给系统、控制系统三大系统组成。储气系统包括:储气瓶、气量显示器、充气阀、压力传感器、高压管线等。供给系统主要由天然气滤清器、减压调节器、动力调节器、混合器等组成。控制系统主要包括:油气燃料转换开关、电子控制单元(ECU)、燃油及 CNG 电磁阀、喷射阀及共轨及相关线束组成,如图 2-36 所示。

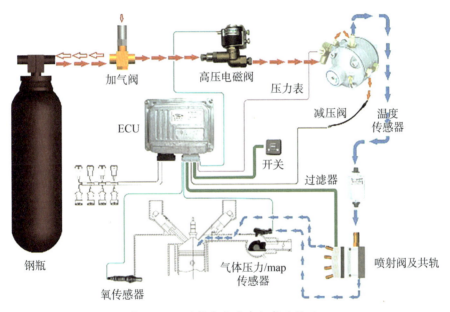

图 2-36 压缩空气汽车组成及原理

除动力来源的不同,压缩空气动力汽车工作原理与传统汽车基本相同,其内燃机的总体结构形式还是借鉴传统汽车现有的结构模式,主要还是往复活塞式、旋转活塞式等形式。

(二) 压缩空气汽车动力内燃机的动力分配方式

以压缩空气为动力的内燃机的总体结构和传统汽车的内燃机结构基本相同,但压缩空气动力内燃机的动力分配方式有串联方式、并联方式和串并联混合方式。

串联分配方式,其缸与缸之间的空气动力管道是串联的,上一级缸的剩余压力是下级缸的初始动力,该方式的下级作用缸的结构尺寸较大,但动力利用率较高,热交换较充分;并联分配方式是缸与缸之间的空气动力管道是并联的,不同缸的初始动力相同,并联方式的缸的结构尺寸相同、动力输出平稳,但剩余压力稍高。压缩空气动力内燃机(气动内燃机)是气动汽车的核心,减压到工作压力的高压空气进入气动内燃机气缸内膨胀做功,类似于内燃机在燃料爆炸燃烧产生高温高压气体后推动活塞对外做功的过程。

(三) 压缩空气汽车的优缺点

1. 压缩空气汽车的优点

(1) 气动内燃机的工作循环为简单的二行程,即高压压缩空气进入气缸膨胀做功行程和将膨胀后的低压气体排出气缸的排气行程。由于没有燃烧过程,气动内燃机机体不承受高温和超高压。

(2) 机体强度小,结构简单,质量小。

(3) 内燃机不再需要冷却系统,制造及使用维护成本低。

2. 压缩空气汽车的缺点

在压力超过气门弹簧的预紧力情况下,即使进气门处于关闭状态,高压气体也会将进气门顶开,发生泄漏,造成耗气量增大,排气行程缸内气压升高,出现负功增加、整体功率和效率下降等不良效果。

(四) 压缩空气汽车的工作过程

压缩空气动力汽车气动回路示意图如图 2-37 所示,回路的一端接高压储气罐,接触压力为超高压,另一端为中高压,接内燃机的工作腔,两者间压差非常大,因此必须实行分级减压。

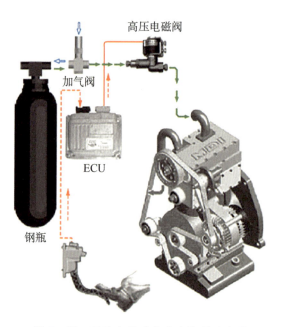

图 2-37 压缩空气动力汽车控制示意图

常规气动系统的减压控制都采用气动减压阀进行节流减压方式。在节流减压过程中，由于通过节流口高速流动的气体的摩擦作用，能量损失较大，而且压力越高，损失越大。而对于压缩空气动力汽车来说，车载的压缩空气存储的总能量是有限的，要保证汽车有足够的续驶能力，在提高车载储气量的同时，必须尽可能减小压缩空气在气动回路传输过程中的能量损失，因此，普通的节流减压方式不适宜压缩空气汽车气动回路高压减压段。

压缩空气动力汽车的转速和转矩由压缩空气进气压力及流量的变动来调节。压缩空气动力汽车气动回路高压减压段采用了高压容积减压方式，使用气体膨胀减压的方法使压力降低到设定值。高压容积减压方式在回路中设置了一个一定容积的减压气罐，设定好减压气罐的控制压力范围后，使用压力传感器检测气罐气压，当罐内气压低于设定压力下限时，控制器发出控制信号开启高压大流量高速气动开关阀，让储气罐中的超高压气体通过大截面的阀口冲入减压罐，膨胀减压。而当气罐中进入足够的高压气体、罐内压力升高到设定压力上限时，控制器根据压力传感器的反馈关闭高压大流量高速气动开关阀。通过开关阀的断续开启，维持减压气罐中的压力在设定压力范围内，保证次级气动系统的正常工作。高压大流量高速气动开关阀减小了阀口节流过程中的摩擦能耗损失，所以，对于高压气动动力系统的节流是一种很好的减压方式。

在压缩空气动力汽车的气动回路中，次级减压后的气体将作为内燃机的进气与内燃机进气道连接，所以，对内燃机进气压力和流量的调节将在次级减压过程完成。为方便调节，在次级减压环节使用了比例流量调节阀，同时在气动汽车的集成中，考虑到一般驾驶员驾驶习惯，设计连接机构将内燃机进气流量调节阀与汽车加速踏板连接，按驾驶员踏下加速踏板的深度提高内燃机进气压力及流量，瞬时提升内燃机转矩和功率，满足不同工况的需要。

在气动回路的设计中，考虑到高压气体在减压后温度大幅降低，与环境温度将形成较大温度差。如果低温的气体从环境中吸收热量，根据热力学规律，气体的温度和压力将升高，能量增大，最终使内燃机输出更多的机械能，整车效率提高，也将获得更长的续驶能力。因此，集成到汽车上的气动回路在两级减压环节后都设置了热交换器，让减压后的气体尽可能充分地从环境中吸热，并可充当制冷空调的冷源，减少内燃机动力的消耗，在压缩空气动力汽车的辅助设备中，主要的电器设备与普通汽车相同，但在仪表板上将集成气源压力表和进气压力表，替代油箱指示表。在汽车辅助设备中，空调已经是乘用车的基本配置之一，而普通车用空调使用压缩机制冷，需要消耗较大的内燃机功率。对于压缩空气动力汽车来说，因为内燃机排出的尾气是膨胀做功后的压缩空气，压力减小了，温度也远低于环境温度，通过热交换器可以为汽车提供冷源，再加上减压环节后的两个热交换器，在整车的集成中合理配置，完全可以满足制冷的需要，而不再额外消耗内燃机功率。同时，室外新鲜空气由热交换器冷却后作为冷气供给室内，更带来自然清新的效果。当需要在严寒环境使用时，只需再选装电热空调即可，成本较低。

二、太阳能汽车

太阳能汽车(见图 2-38)是利用太阳能电池将太阳能转化为电能,并利用该电能作为能源驱动行驶的汽车,它是电动汽车的一种。

图 2-38 太阳能越野车 Helios 概念车

太阳能电动汽车简介

(一)太阳能汽车的特点

太阳能汽车的能源来自太阳,是真正的绿色能源汽车。根据太阳能汽车的要求,它的结构与普通汽车又有很大的不同,概括起来,太阳能汽车的特点如下。

1. 节约能源

由于太阳能汽车的主要能量来源是太阳,而太阳的能量是取之不尽、用之不竭的,所以说,太阳能汽车是一种非常节能的汽车。

2. 能源利用率高

太阳能汽车很少通过齿轮机构传递能量,可以防止能量损耗,同时驱动电机的能量利用率又非常高(可以达到 98%),这一点是内燃机汽车所不能比拟的(最高一般 30% 左右)。

3. 减少环境污染

太阳能汽车消耗的能量是电能,不产生废气,这样就减少了大气中的一氧化碳、碳氢化合物的含量,也大大减少了二氧化碳的含量。

4. 灵活、操控性好

由于太阳能汽车中很多部件都是电子部件,所以可以保证很好的操作性。在电子部件发生损坏时,可以通过信号诊断,方便检测出故障点。

目前研发的太阳能汽车主要用于实验或竞赛,实用型的太阳能汽车还比较少。制约太阳能汽车发展的主要因素是太阳能电池的转换效率低,因此,最有发展前途的太阳能汽车是太阳能电池和动力蓄电池组合式的汽车。今后,太阳能汽车的研究方向主要集中在提高太阳能电池的转换效率、最大功率跟踪技术和动力蓄电池充放电技术等。

(二)太阳能汽车结构原理

太阳能汽车主要由太阳能电池组、自动阳光跟踪系统、驱动系统、控制器、机械系统等组成。

1. 太阳能电池组

它是太阳能汽车的核心,由一定数量的单体电池串联或并联组成电池方阵;太阳能单体电池由半导体材料制成,当太阳光照射在该半导体材料上时,半导体的电子-空穴对被激发,形成"势垒",也就是 p-n 结(见图 2-39);由于势垒的存在,在 p 型层产生的电子向 n 型层移动而带正电,而在 n 型层产生的空穴向 p 型层移动而带负电,于是在半导体元件的两端产生 p 型层为正的电压,即形成了太阳能电池。太阳能电池的电流大小与太阳光照射强度和太阳能电池面积的大小成正比。车用太阳能电池将很多太阳能电池排列组合成太阳能电池板,以产生所需要的大电流和高电压。

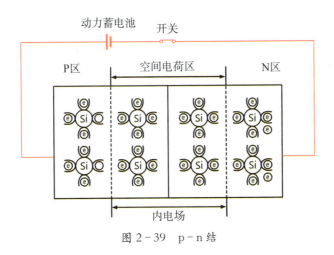

图 2-39 p-n 结

2. 自动阳光跟踪器

太阳能电池能量的多少取决于太阳电池板接收太阳辐射能量的数量,由于相对位置的不断变化,太阳电池板接收的太阳辐射能量也在不断变化。自动阳光跟踪器的作用就是保持太阳电池板正对着太阳,最大限度地提高太阳电池板接收太阳辐射能的能力。

3. 驱动系统

太阳能汽车采用的驱动电机主要有交流异步电机、永磁电机、直流电机等,其驱动系统与 EV 基本相同。

4. 控制器

控制器主要对太阳能电池组进行管理和对电机进行控制,其作用与电动汽车控制系统相同。

5. 机械系统

机械系统主要包括车身系统、底盘系统和操纵系统等。太阳能汽车最具魅力的可以说是车身了。除满足汽车的安全和外形尺寸要求外,汽车的外形是没有其他限制的。一般来说,太阳能汽车的外形设计要使行驶过程中的风阻尽量小,同时又要使太阳能电池板的面积尽量大。太阳能汽车要求底盘的强度和安全度达到最大,而且重量尽量轻。

太阳能汽车由太阳能电池板在自动阳光跟踪器的控制下始终正对太阳,接收太阳光,并转换成电能,向电机供电,再由电机驱动汽车行驶,它实际上是一种电动汽车,其工作原理与串联式混合动力汽车(SHEV)基本相同。

由于太阳能电池的能量较小,而且受天气的影响,在阴天、下雨时,太阳能电池的转换效率会降低或停止,所以太阳能汽车往往与动力蓄电池组共同组成太阳能混合动力电动汽车。当阳光强烈,转换为电能充足时,由太阳能电池板将太阳能转换为电能后,通过充电器向动力蓄电池包充电,也可以由太阳能电池板直接提供电能,通过电流变换器将电流输送到驱动电机,驱动汽车行驶,其驱动模式相当于串联式混合动力电动汽车(SHEV),一般采用智能控制系统来控制其运行。当阳光较弱成阴天时,则靠动力蓄电池组对外供电。

(三) 太阳能电动车的关键技术

目前太阳能应用于汽车主要有三种方式:第一种是利用太阳能给动力蓄电池充电;第二种是太阳能在传统汽车上做辅助供电用,不作为汽车的驱动力;第三种是利用太阳能制氢,太阳能先发电,电解水把氢气制出来以后并储存,给汽车里的燃料电池加氢,氢气和氧气发生反应释放出电能,提供给汽车使用。当然最能充分利用太阳能的方式是将太阳能直接作为汽车的动力,但是因为太阳能的分散性、不稳定性以及太阳能收集装置的效率低、成本高、技术不成熟等缺点,目前还很难实现将太阳能作为电动汽车的主动力源,较多的做法还是将其作为辅助动力,配合储能设备驱动电机。

太阳能电动车的应用技术涉及光电、电机、电子、控制、汽车工程、机械、化学等各个方面。作为电动车密不可分的一部分,其应用技术可以归纳为五个主要方面:光电技术、车体技术、电力驱动技术、储能电池技术和能量管理系统技术。

1. 光电技术

太阳能电池也称作光伏电池,是太阳能电动车的主要能量转换装置。硅光伏电池是目前太阳能电池的主要构成部分,提高光电转换效率是目前研究的重点。

半导体的禁带宽度决定了光伏电池转换效率的理论极限。单晶硅光伏电池是最早问世的太阳能电池,用硅来制造光伏电池,原料丰富,但提炼困难。所以人们在生产单晶硅光伏电池的同时,又研究了多晶硅光伏电池和非晶硅光伏电池。单晶硅光伏电池转换效率的理论极限是28%,多晶硅光伏电池的理论极限是22%,而非晶硅光伏电池的理论极限是15%。光伏电池可以从其性能指标、产量、价格等方面来评价,光伏电池的性能指标有开路电压、短路电压、填充因子、光电转换效率等多项,其中最主要的指标是光电转换效率。除硅系列外,还有Ⅱ-Ⅵ族光伏电池(如CdTe电池)、Ⅲ-Ⅴ族化合物太阳电池(如GaAs、InP电池)、Culnses薄膜太阳电池和叠层电池。

2. 车体技术

太阳能电池的性能严重制约了太阳能电动车车体技术的发展。首先,目前太阳能电池转换效率低,若要达到车辆行驶所需功率需要安装大面积的太阳能电池,这会使车身过大,行驶不够灵活;其次,受生产材料的影响,太阳能电池板不具备一定的柔性,很大程度上限制了车身外形的设计;第三是车体轻量化技术,汽车行业协会报告称,车辆质量每减少10%,燃油消耗可降低6%~8%。

目前由于太阳能装置的收集率低,车体的有效利用率和太阳能提供的电能有限,因此在车体的设计中,要重点考虑车身轻量化。优化结构,尽量减少零部件,使用轻量化材料,采用合适的连接方式都是减小整车质量的有效手段。

3. 电力驱动技术

动力传动装置是太阳能车的心脏,必须根据系统要求匹配动力特性和装配系统。电驱动系统包括三方面,即电机技术、控制、功率电子器件。开发高效、廉价的驱动系统是电动车研究的重点之一。尽管现在对哪种电机最适合车辆电驱动还没有确切答案,但是对于电机须具备的特点已经达成了共识。针对电动车辆的特殊要求以及各种驱动电机的特性研究,目前电动车辆驱动电机的形式主要有三种——感应电机、永磁电机以及开关磁阻电机。其中无刷永磁直流电机是研究重点。

4. 储能电池技术

除了太阳能电池的因素外,储能电池技术也是阻碍太阳能电动车进入实用化阶段的主要因素之一。储能电池与汽车用的汽油燃料相比,其比特性、可靠性、使用方便性以及价格方面都有很大差距。因此,储能电池的发展是电动车发展的重要一环。铅酸蓄电池是目前汽车普遍使用的储能电池，但将其用作电动车电源尚有许多不足。现在的储能电池大部分是化学电池，除铅酸蓄电池外，镍氢电池、锂电池、锂聚合物电池等发展势头迅猛。

5. 能量管理系统技术

电动车能量管理系统是发展电动车的关键技术之一，它对于其整车整体性能有着重要的意义。能量管理系统的功能包括以下几方面：

（1）电池状态（主要是剩余容量）的监视和报警。

（2）电池的充放电控制。

（3）自动管理调配车辆各种用电装置的用电量。

加强对电池及其能量系统的有效管理、合理匹配及正确地使用与维护，不仅能大大提高电动汽车的续驶里程，而且在提高电池的使用寿命的同时降低了电动车成本。但是，由于储能电池的电容量与电压、电流严重非线性，能量管理系统还缺乏准确的数学模型。

三、二甲醚汽车

二甲醚（DME）又称甲醚，是由氢气和一氧化碳通过化学反应合成的，化学式为CH_3OCH_3。二甲醚在常温常压下是一种无色气体，具有轻微醚香味。此外二甲醚作为一种含氧燃料，压缩性高，具有与液化石油气相似的物理特性。

二甲醚具有良好的燃烧性能，可以替代柴油用作清洁的汽车燃料。十六烷值是评定柴油自燃性的指标，燃料自燃性对柴油机的起动性和燃烧过程都有影响。燃料的十六烷值高意味着它的自燃性好，用于柴油机时起动容易，工作柔和。但如果十六烷值过高，则柴油机排气冒黑烟，经济性下降；如果过低，则起动困难，运转粗暴。一般柴油机燃油的十六烷值在40～55范围之内。二甲醚具有最高的十六烷值，能在内燃机缸内与空气迅速混合形成可燃混合气，此内燃机爆发力大，力学性能好，非常适合于压燃式内燃机，可应用在城市公交车、

图 2-40 二甲醚汽车

出租车、家庭用车上，其动力性能与93号汽油相当，有优良的性价比，燃料成本可降低10%。

二甲醚的排放性能优于液化石油气。由于二甲醚分子结构中无C-C键的存在且其本身含氧量高达34.8%，使得二甲醚容易氧化燃烧，并在燃烧过程中基本无炭烟形成，CO、NO_x排放较少，不需要任何特殊处理，可达到相关排放标准，因此是一种理想的清洁燃料。

它可以替代柴油作为柴油汽车燃料，这是其他同类替代燃料不具备的优势，排放指标不仅满足欧Ⅱ和欧Ⅲ标准，而且接近欧洲2005年实施的排放标准和美国加利福尼亚州超低排放标准。

以二甲醚作为燃料的柴油机与直喷式柴油机热效率几乎相同，运转柔和。二甲醚作为超低排放代用燃料已经引起国内外行业的关注。二甲醚不需要辅助点火装置，炭烟排放为零。

在低燃油喷射压力下即可很好地燃烧，并且二甲醚内燃机的噪声水平低于普通柴油机的水平，接近汽油机。

同时，二甲醚在燃料体积上相比其他替代燃料有很大的优势。在行驶相同里程数下，所花费的燃料体积是柴油的1.7倍，但比乙醇、液化天然气等体积都小。

二甲醚相变潜热比柴油高，液相二甲醚蒸发而吸收热量比柴油更加显著，可以降低燃烧室内混合气的温度，有利于减少NO_x的排放。

二甲醚的饱和蒸气压力比液化石油气低，甲醚装置的设计承载压力为1.2 MPa，而液化石油气的承载压力为1.77 MPa。二甲醚在空气中的爆炸下限比液化石油气高出1倍。所以二甲醚在储存、运输、使用上比液化石油气更加安全。

二甲醚可以和传统矿物燃料以任何比例混合成高十六烷值的燃料。混合10%左右二甲醚可使炭烟排放降低接近30%，NO_x和HC排放也略有减少。柴油和二甲醚混合可获得良好的润滑和雾化性能。

通过多种燃料的分析比较，可以看到二甲醚具有如下的特点：

（1）二甲醚的十六烷值高，作为柴油机的燃料，内燃机热效率高，排放低。

（2）二甲醚的自燃温度与柴油基本差不多，所以二甲醚在柴油内燃机本身结构无须变动的情况下，就能够压燃。

（3）二甲醚的热值比柴油低，其热值仅为柴油的70%。

（4）二甲醚的黏度低，与液化天然气相当。

（5）二甲醚内燃机能够同时实现PN和PM排放物的降低，不需要尾气后处理，很容易达到排放法规要求。

（一）二甲醚汽车的基本结构

现阶段，二甲醚燃料一般用在柴油机上，因此二甲醚汽车一般在载货汽车或者大客车的基础上改制而成。例如，以上海申沃客车有限公司SWB6115-3系列城市公交客车为基础进

行改制的二甲醚燃料客车,在设计上主要采取以下措施:

(1) 采用两只二甲醚储罐,其中一只为主燃料罐,布置在车辆左侧前后轮之间纵梁旁,另外一只辅燃料罐布置在车辆右前轮后、中客门之间的纵梁旁,如图 2-41 所示。

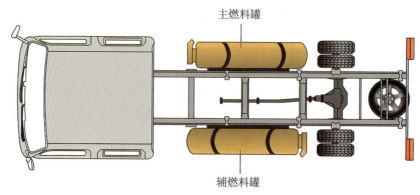

图 2-41　二甲醚汽车底盘布置

(2) 仪表板上增加了泄漏报警器。在每只二甲醚储罐上方和内燃机上方设燃气泄漏报警传感器,以便及时发现可能发生的二甲醚泄漏。

(3) 在仪表板上增设二甲醚管路压力指示灯并调整内燃机起动电路。当车辆电路接通后电动增压泵首先工作,当二甲醚管路压力达到要求后,压力指示灯亮,内燃机方能起动。

(4) 拆除原燃油箱和供油管路,适当调整动力蓄电池位置。

(5) 为满足燃料电动增压泵对 12 V 工作电压的要求,增加 DC/DC 变换器。

对于国外研究二甲醚汽车的院校及科研单位,他们主要将使用二甲醚的柴油机用作轻型货车或重型载货汽车的动力。

(二) 二甲醚内燃机

二甲醚内燃机作为二甲醚汽车的核心,研究其结构改进有着重要意义。

二甲醚十六烷值高,具有很好的压燃性,是非常适合于压燃式内燃机使用的代用燃料。

国内外关于二甲醚作为柴油机代用燃料的研究重点集中在如何开发适合二甲醚燃料特性的内燃机,实现高效清洁燃烧。丹麦技术大学、AMOCO、AVL 和 AIST 等在柴油机上先后进行了燃用二甲醚的试验研究,结果表明,燃用二甲醚燃料的内燃机,在保持原柴油机效率和动力性的前提下,NO_x 排放显著下降,PM 排放几乎为零。

(三) 二甲醚汽车的燃油供给系统

在 20 世纪 90 年代初提出二甲醚作为柴油的替代燃料之后,国内外首先试验研究如何改动原柴油机的供油系统,使其参数化,并验证获得的性能及排放指标。由于采用了现代的试验鉴别技术及计算机数值模拟分析方法,在二甲醚燃料的供油参数的优化及燃烧过程的分析等方面获得了大量的试验研究成果。

二甲醚汽车的供油系统主要由液化二甲醚燃料罐、油泵压力调节器、燃油冷却器、燃油过滤器、喷油泵、截止阀和回油冷却器及管路系统组成。

思考与练习

一、选择题

1. 下列描述二甲醚汽车的是（   ）。
   A. 动力分配方式有串联方式、并联方式和串并联混合方式
   B. 很少通过齿轮机构传递能量，可以防止能量损耗，同时驱动电机的能量利用率又非常高
   C. 具有最高的十六烷值，能在内燃机缸内与空气迅速混合形成可燃混合气
   D. 起动及低速转矩大，随内燃机转速升高输出转矩逐渐减小，而耗气量逐渐增大
2. "主要的电器设备与普通汽车相同，但在仪表板上将集成气源压力表和进气压力表，替代油箱指示表"是指哪种新能源汽车？（   ）。
   A. 太阳能　　　　B. 压缩空气　　　　C. 氢燃料　　　　D. 二甲醚
3. 下列描述正确的是（   ）。
   A. 压缩空气动力汽车，简称电动汽车，利用高压压缩空气为动力源，将压缩空气存储的压力能转化为其他形式的液压能，从而驱动汽车运行
   B. 太阳能电池的性能促进了太阳能电动车车体技术的发展
   C. 太阳能电池组由一定数量的单体电池串联或并联组成电池方阵
   D. 二甲醚具有良好的燃烧性能，但不可以替代柴油用作清洁的汽车燃料。燃料的十六烷值高意味着它的自燃性较差，用于柴油机时起动容易，工作柔和
4. 甲技师说："最有发展前途的太阳能汽车是太阳能电池和内燃机组合式的汽车。"乙技师说："最有发展前途的太阳能汽车是太阳能电池和动力蓄电池组合式的汽车。"（   ）。
   A. 甲说的对　　　B. 乙说的对　　　C. 甲乙都对　　　D. 甲乙都不对
5. 二甲醚运用最多的是哪种车型？（   ）。
   A. 货车　　　　　　　　　　　　　B. 紧凑型轿车
   C. 中型轿车　　　　　　　　　　　D. 豪华型轿车

二、连线题

根据相对应的内容进行连线。

太阳能汽车

空气压缩汽车

二甲醚汽车

项目三 熟知新能源汽车核心技术

项目描述

新能源汽车为全球解决传统能源汽车带来的环境问题和能源问题提供了最佳的机会,成为全球持续关注的热点。

整车控制器(VCU)、电机控制器(MCU)和电池管理系统(BMS)是最重要的核心技术,对整车的动力性、经济性、可靠性和安全性等有重要影响。

学习目标

◇ 了解新能源汽车储能装置;
◇ 了解新能源汽车电机驱动系统并知道新能源汽车电机驱动系统的发展方向;
◇ 熟知新能源汽车能量管理与回收系统;
◇ 掌握新能源汽车充电技术。

任务一　了解新能源汽车储能装置

新能源汽车发展总体将遵循节能、环保两大趋势,逐步实现对化石燃料的替代。目前,混合动力车、插电式混合动力车和纯电动车的批量生产和获得更多市场份额的主要障碍是储能装置。本任务主要介绍社会上常用的储能装置:动力蓄电池、飞轮储能器及超级电容。

一、动力蓄电池

(一) 动力蓄电池的市场

新能源汽车电池、电机、电控三大核心零部件中,动力蓄电池在整车成本中所占比例最高,也直接影响整车性能。中国产业信息网发布的《2015—2020年中国汽车动力电池市场运营态势与投资前景分析报告》指出:电动汽车用电池结构件单车价值量约为1500元,我们估算,其市场规模将从2014年的1.2亿元高速增长至2019年的18亿元,年均增长CAGR为73%。造成这么大的需求量,除了国家大力支持之外,也说明其应用范围较广(图3-1),其中包括:

(a) 动力蓄电池

(b) 娱乐场地车辆

(c) 电动汽车

(d) 电动客车

图3-1　动力蓄电池的应用

1. 动力蓄电池在厂内车辆的应用

厂区或生产现场内电动举升式叉车为主的电动车辆被广泛应用于工厂的货物举升、移动和码放。电动叉车主要应用的动力蓄电池主要以铅酸动力蓄电池为主。

2. 动力蓄电池在电机车上的应用

随着铁路运输的发展,现阶段各国应用的轨道运输工具已经以电力机车为主,国外以及我国的高速列车均为电力拖动车辆,电力机车一般配备 750 V 或 900 V 动力蓄电池。

以动力蓄电池为动力源的电力机车多年来也广泛应用于采矿中的矿石运输。

3. 动力蓄电池在娱乐及运动场地车辆的应用

作为娱乐及运动场地车辆的典型应用,高尔夫球车主要用于高尔夫球场运送设备以及为球员服务。由于电动车辆具有无污染、低噪声等优点,在环境要求高的旅游景点也被广泛运用。

4. 动力蓄电池在残疾人或医疗服务用车上的应用

由于动力蓄电池驱动的车辆具有起步平稳、低噪声等优点,在医疗机构中应用电动车辆运输药品、作为重症监护车辆以及用于救护车。

5. 动力蓄电池在机场地面保障车辆上的应用

20 世纪 80 年代初,机场开始扩大由动力蓄电池驱动的车辆在机场货物运输及人员输送方面的应用。

6. 动力蓄电池在电动滑板车、摩托车和自行车上的应用

英国人和法国人共同研制的电动三轮车,这是铅酸蓄电池在私人道路车辆上的第一次应用。

7. 动力蓄电池在电动汽车上的应用

随着节能环保受到社会各界的重视,交通领域节能减排、低碳出行的重任再次落到了电动汽车的身上,各国陆续推出电动汽车。如日本、德国、美国等。

中国通过长期的研究,分别完成了纯电动汽车、混合动力汽车、燃料电池汽车的开发和生产,部分产品已经大批量供应城市需求。如比亚迪·秦、荣威 E50、荣威 E550 等。

(二)动力蓄电池基本概念及分类

1. 动力蓄电池概念

电池应用的过程是电能输入转化为化学能存储,再以电能形式输出的能量转换过程。不论其正负极材料如何变化,其基本的电化学原理相同。虽然不同的电池具有不同的电化学特性和应用特征,但基本概念上是相通的。

2. 动力蓄电池分类

根据正负极材料特性、电化学成分不同,电池常用有三种分类方法。

(1) 按电解液种类分类。

① 碱性电池。碱性电池的电解质主要是以氢氧化钾水溶液为主,如碱性锌锰电池(俗称碱锰电池或碱性电池)、镉镍电池、氢镍电池等。

② 酸性电池。酸性电池主要是以硫酸水溶液为介质,如铅酸动力蓄电池。

③ 中性电池。中性电池是以盐溶液为介质,如锌锰干电池、海水激活电池等。

④ 有机电解液电池。有机电解液电池主要是以有机溶液为介质,如锂离子电池等。

(2) 按工作性质和储存方式分类。

① 一次电池。一次电池又称原电池,即不能再充电使用的电池,如锌锰干电池、锂原电池等。

② 二次电池。二次电池即可充电电池,如铅酸蓄电池、镉镍蓄电池、锂离子蓄电池等。

③ 燃料电池。燃料电池中,活性材料在电池工作时才连续不断地从外部加入电池,如氢氧燃料电池、金属燃料电池等。

④ 储备电池。储备电池储存时电极板不直接接触电解液,直到电池使用时,才加入电解液,如镁/氯化银电池又称海水激活电池。

(3) 按电池所用正、负极材料分类。

① 锌系列电池,如锌锰电池、锌银电池等。

② 镍系列电池,如镍镉电池、镍氢电池等。

③ 铅系列电池,如铅酸电池。

④ 锂系列电池,如锂离子电池、锂聚合物电池和锂硫电池。

⑤ 二氧化锰系列电池,如锌锰电池、碱锰电池等。

⑥ 空气(氧气)系列电池,如锌空气电池、铝空气电池等。

(三) 动力蓄电池的基本原理

为了理解电池是怎样把化学能转化为电能的,以经典的丹尼尔原理电池单体化学反应为例进行介绍。

将 Zn(锌)置于 $ZnSO_4$(硫酸锌)溶液中,将 Cu(铜)置于 $CuSO_4$(硫酸铜)溶液中,并用盐桥或离子膜等方法将两电解质溶液连接。

锌单质和溶液中的锌离子是相互转化的,当单独放置的时候,两者的转化处于平衡状态,没有对外的物质变化的效果,当将锌溶液和铜溶液相连的时候,锌的化学性质比铜的化学性质更活泼,在与电解质作用的时候,先与电解质发生氧化反应,被氧化为 Zn^{2+},从而锌一直失去电子,铜一直得到电子,如图 3-2 所示。

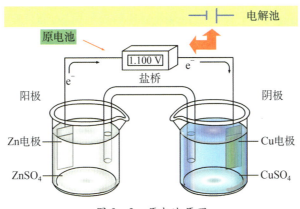

图 3-2 原电池原理

（四）电池的基本组成

电池是一种把化学反应所释放的能量直接转变成直流电能的装置。要实现化学能转变成电能的过程，必须满足如下条件：

（1）必须把化学反应中失去电子的氧化过程（在负极进行），得到电子的还原过程（在正极进行），分别在两个区域进行，这与一般的氧化还原反应存在区别。

（2）两电极间必须具有离子导电性的物质。

（3）化学变化过程中电子的传递必须经过外线路。

为了满足构成电池的条件，电池需包含以下基本组成部分：正极活性物质、负极活性物质、电解质、隔膜、外壳。

正极活性物质：它具有较高的电极电位，电池工作即放电时进行还原反应或阴极过程。为了与电解槽的阳极、阴极区别开，在电池中称作正极。

负极活性物质：它具有较低的电极电位，电池工作时进行氧化反应或阳极过程。为了与电解槽的阳极、阴极区别开，在电池中称作负极。

电解质：它拥有很高的、选择性的离子电导率，提供电池内部的离子导电的介质。大多数电解质为无机电解质水溶液，少部分电解质也有固体电解质、熔融盐电解质、非水溶液电解质和有机电解质。有的电解质也参加电极反应而被消耗。电解质对于电子来说必须是非导体，否则将会产生电池单体的自放电现象。

隔膜：为了保证正、负极活性物质绝对不直接接触而短路，又要保持正负极之间尽可能小的距离，以使电池具有较小的内阻，在正、负极之间必须设置隔膜。隔膜材料本身都是绝缘良好的材料，如橡胶、玻璃丝、聚丙烯、聚乙烯、聚氯乙烯等，以防止正负极间的电子传递和接触。同时隔膜材料要求能耐电解质的腐蚀和正极活性物质的氧化作用，并且隔膜还要有足够的孔隙率和吸收电解质溶液的能力，以保证离子运动。

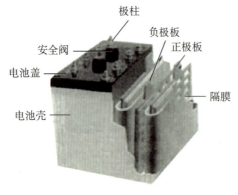

图 3-3 电池基本组成示意图

外壳：作为电池的容器，电池的外壳材料必须能经受电解质的腐蚀，而且应该具有一定的机械强度。铅酸电池一般采用硬橡胶。碱性动力电池一般采用镀镍钢材。近年来由于塑料工业的发展，各种工程塑料诸如尼龙、ABS、聚丙烯、聚苯乙烯等已成为电池壳体常用的材料。

除了上述主要组成部分外，电池还常常需要导电栅、汇流体、端子、安全阀等零件。电池基本组成示意如图 3-3 所示。

电池本身可以制成各种形状和结构，如圆柱形、扣式、扁平和方形。不同形状的电池如图 3-4 所示。

(a) 方形电池　　(b) 圆柱形电池　　(c) 纽扣电池

图 3-4 不同形状的电池

(五) 电池的充电方法

1. 充电方法

电池充电通常应该完成三个功能：①尽快使电池恢复额定容量，即在恢复电池容量的前提下，充电时间越短越好；②消除电池在放电使用过程中引起的不良后果，即修复由于深放电、极化等导致的电池性能被破坏；③对电池补充充电，克服电池自放电引起的不良影响。20 世纪 60 年代中期，美国科学家马斯对开口动力蓄电池的充电过程做了大量的试验研究，并提出了以最低出气率为前提的动力蓄电池可接受的充电曲线，如图 3-5 所示。试验表明，如果充电电流按这条曲线变化，就可

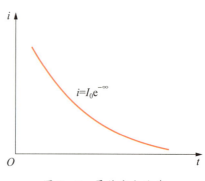

$i = I_0 e^{-\infty}$

图 3-5 最佳充电曲线

以大大缩短充电时间,并且对电池的容量和寿命也没有影响。原则上把这条曲线称为铅酸电池的最佳充电曲线。此后,以此为基础,众多研究人员开展了各种电池的最佳充电曲线和方法方面的研究。

由图 3-5 可以看出:在马斯的充电最佳曲线中,初始充电电流很大,但是衰减很快。其主要原因是充电过程中产生了极化现象。

(1) 常规充电方法。

① 恒流充电法。恒流充电方法是通过调整充电装置输出电压或改变与动力蓄电池串联电阻的方式使充电电流保持不变的充电方法。该方法控制简单,但由于电池的可接受电流能力是随着充电过程的进行而逐渐下降的,到充电后期,充电电流多用于电解水,产生气体,此时电能不能有效转化为化学能,多变为热能消耗掉了。

② 恒压充电法。在动力蓄电池充电过程中,充电电源电压始终保持一定,叫做恒压充电。

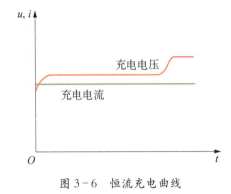

图 3-6 恒流充电曲线

$$I = \frac{U-E}{R}$$

式中:U——电池的端电压;
E——电池电动势;
I——充电电流;
R——充电电路中内阻。

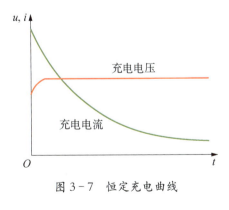

图 3-7 恒定充电曲线

由式可知,充电开始时,电池电动势小,所以充电电流很大,对动力蓄电池的寿命造成很大影响,且容易使动力蓄电池极板弯曲,造成电池报废;充电中期和后期,由于电池极化作用的影响,正极电位变得更高,负极电位变得更低,所以电动势增大,充电电流过小,形成长期充电不足,影响电池的使用寿命。鉴于这种缺点,恒压充电很少使用,只有在充电电源电压低、工作电流大时才采用。例如,汽车运行过程中,起动型蓄电池就是以恒压充电法充电的。恒压充电法曲线如图 3-7 所示。

③ 阶段充电法。该方法包含多种充电方法的组合,如先恒流后恒压充电法、多段恒流充电法、先恒流再恒压最后恒流充电法等。常用的为先恒流再恒压的充电方式,如铅酸电池、

锂离子电池常采用该种方式充电。下面举例对该种充电方法进行介绍。

表 3-1 某额定容量 150 A·h 铅酸电池参数

额定电压/V	12	额定容量/A·h	150
最大放电电流/A	4C	最佳充电电流/A	0.4C
外形尺寸	503 mm×180 mm×257 mm	质量	(49.0±1.0)kg

此电池组(参数见表 3-1)充电采取两阶段恒流。第一阶段恒流 60 A,第二阶段恒流 14 A。图 3-7 中曲线为该铅酸电池充电参数变化情况。第一阶段以恒流 60 A 充电。第一阶段充电结束,充电终止电压随温度调整按公式进行。此公式为电池厂家推荐使用。

$$U = 14.7 - 0.03(T - T_r)$$

式中：U——单电池电压;

T——环境温度;

T_r——室温,一般采用 20℃。

第二阶段终止采用时间和电池电压两方面独立控制：①单电池电压超过 17.0 V;②此阶段充电时间超过 6 h。从图 3-8 电池组中单电池充电曲线可以看出,在第一阶段,电池电压逐步升高,在充电转入第二阶段时,电池电压有所下降,但之后随充电过程的进行,电池电压再次开始上升,并在充电后期升高到 15.5 V 以上。

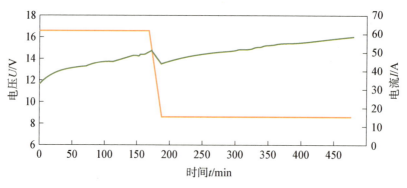

图 3-8 单体电池充电曲线

(2) 快速充电方法。

为了能够最大限度地加快动力蓄电池的化学反应速度,缩短动力蓄电池达到充满电状态的时间,同时保证动力蓄电池正负极板的极化现象尽量少或轻,提高动力蓄电池使用效率,快速充电技术近年来得到了迅速发展。下面介绍几种常用的快速充电方法。这些方法都是围绕着最佳充电曲线进行设计的,目的就是使充电曲线尽可能地逼近最佳充电曲线。

① 脉冲式充电法。该方法是首先用脉冲电流对电池充电,然后停充一段时间,再用脉冲电流对电池充电,如此循环,如图 3-9 所示。充电脉冲使动力蓄电池充满电量,而间歇期使动力蓄电池经化学反应产生的氧气和氢气有时间重新化合而被吸收掉,使浓差极化和欧姆极化自然而然地得到消除,从而减轻了动力蓄电池的内压,使下一轮的恒流充电能够更加顺利地进行,使动力蓄电池可以吸收更多的电量。间歇脉冲使动力蓄电池有较充分的反应时间,减少了析气量,提高了动力蓄电池的充电电流接受率。

② ReflexTM 快速充电法。这种技术是美国的一项专利技术,最早主要面对的充电对象是镍镉电池。这种充电方法缓解了镍镉电池的记忆效应问题,并大大降低了动力蓄电池快速充电的时间。如图 3-10 所示,ReflexTM 充电法的一个工作周期包括正向充电脉冲、反向瞬间放电脉冲和停充维持三个阶段。与脉冲式充电相比,加入了负脉冲的思想,这种充电方法在其他类型的电池上的应用近年也大量开展,用于提高充电速度并降低充电过程中的极化。

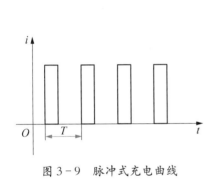

图 3-9 脉冲式充电曲线

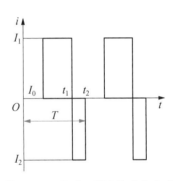

图 3-10 ReflexTM 快速充电法

③ 变电流间歇充电法。这种充电方法建立在恒流充电和脉冲充电的基础上,如图 3-11 所示。其特点是将恒流充电段改为限压变电流间歇充电段。充电前期的各段采用变电流间

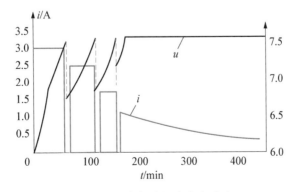

图 3-11 变电流间隙充电曲线

歇充电的方法,保证加大充电电流,获得绝大部分充电量。充电后期采用定电压充电段,获得过充电量,将电池恢复至完全充电状态。通过间歇停充,使动力蓄电池经化学反应产生的氧气和氢气有时间重新化合而被吸收掉,使浓差极化和欧姆极化自然而然地得到消除,从而减轻了动力蓄电池的内压,使下一轮的恒流充电能够更加顺利地进行,使动力蓄电池可以吸收更多的电量。

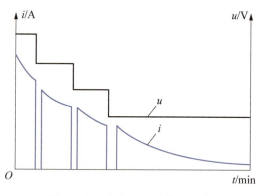

图 3-12 变电压间歇充电曲线

④ 变电压间歇充电法。在变电流间歇充电法的基础上又有人提出了变电压间歇充电法,如图 3-12 所示。变电压间歇充电法与变电流间歇充电法不同之处在于第一阶段的不是间歇恒流,而是间歇恒压。

比较图 3-11 和图 3-12 可以看出,图 3-12 更加符合最佳充电的充电曲线。在每个恒电压充电阶段,由于是恒压充电,充电电流自然按照指数规律下降,符合电池电流可接受率随着充电过程逐渐下降的特点。

⑤ 变电压、变电流波浪式间歇正负零脉冲快速充电法。综合脉冲充电法、ReflexTM 快速充电法、变电流间歇充电法及变电压间歇充电法的优点,变电压、变电流波浪式正负零脉冲间歇快速充电法得到发展应用。脉冲充电法充电电路的控制一般有两种:

第一种:脉冲电流的幅值可变,而 PWM(脉冲宽度调制,用于驱动充放电开关管)信号的频率是固定的。

第二种:脉冲电流幅值固定不变,PWM 信号的频率可调。

图 3-13 采用了一种不同于这两者的控制模式,脉冲电流幅值和 PWM 信号的频率均固定,PWM 占空比可调,在此基础上加入间歇停充阶段,能够在较短的时间内充进更多的电量,提高动力电池的充电接受能力。

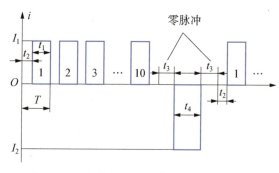

图 3-13 波浪式间歇正负零脉冲快速充电

二、超级电容器

电容器是一种最常用的电子基本元件,当电容两端加有电压时,电容器就会被充电。电容器的充电过程就是把电荷储存在电容器内的过程。当电容器两端电压去除后,充电的电容器内存储有电荷,当把一个负载(如额定电压合适的小灯泡)用导线连接到电容器两端时,储存的电能会对负载做功(若电容的容量足够,小灯泡会发亮)。这个过程就说明电容器是可以作为储能装置使用的,为了制造车可以用于汽车驱动的电容,人们进行了多年的探索,超级电容就是这种探索的成果。

(一) 超级电容器的发展现状

超级电容器也称为电化学电容器,或双电层电容器,是一种新型储能装置,可以进行大电流的快速充放电,提供很大的瞬时充放电功率,而且循环使用寿命长,工作电压和温度范围宽。

在 30 多年中,不同的研究机构沿着不同的方向进行超级电容器的研发,研制出了各种不同类型的超级电容,表 3-2 为全球主要超级电容的生产商和研究机构的研究成果,供读者参考。

表 3-2 各国超级电容器发展现状

国家	公司/研究机构	使用技术	电容参数	比能量/(W·h/kg)	比功率/(W/kg)
美国	Maxwell	碳微粒电极,有机电解液	3 V,2 000~8 000 F	3~4	200~400
		铝箔附着碳布电极,有机电解液	3 V,130 F	3	500
	Los Alamos 国家实验室	导电聚合物电极,有机电解液	2.8 V,0.8 F	1.2	2 000
俄罗斯	ELIT	碳微粒电极,有机电解液	450 V(多个单体),0.5 F	1	900~1 000
	ESMA	混合型(NiO$_x$)/碳电极,KOH 电解液	1.7 V(单体)17 V(模块)	8~10	80~100
日本	Panasonic	碳微粒电极,有机电解液	3 V,800~2 000 F	3~4	200~400
	NEC	碳微粒电极,水基电解液	5~11 V(多个单体),1~2 F	0.5	5~10
法国	Saft	碳微粒电极,有机电解液	2.8 V,3 500 F	6	3 000
韩国	Ness	碳微粒电极,有机电解液	2.3 V,1 200 F 2.7 V,1 200 F	5.8	5 200

其中,美国的 Maxwell 公司、韩国的 Ness 公司、俄罗斯的 ESMA 公司和日本的一些公司已经实现了超级电容器的批量化生产。我国的超级电容器研究工作起步较晚,但通过技术引进和自主开发,发展速度较快,涌现出了以上海奥威有限公司、哈尔滨巨容新能源有限公

司等为代表的研发和生产单位,可提供小批量样品用于实验和示范运行。

(二) 超级电容器的优点

超级电容器作为一种新型能源器件,主要具有以下优点。

1. 功率密度高

超级电容器的内阻很小,且在电极/溶液界面和电极材料本体内部均能够实现电荷的快速储存和释放,因此它的输出功率密度高达数千瓦/kg,是任何一种化学电源都无法比拟的。

2. 充放电循环寿命长

超级电容器在充放电过程中有离子和电荷的传递,没有发生电化学反应,因此其容量几乎没有衰减,循环寿命可达万次以上,远远大于动力蓄电池的充放电循环寿命。

3. 充电时间短

从目前已经做出的超级电容器充电实验结果看,用相当于一般动力蓄电池的充电电流密度,全充电时间只要 10~12 min,而动力蓄电池在这么短的时间内是无法实现全充电的。

4. 特殊的功率密度和适度能量密度

对于普通动力蓄电池来说,如果能量密度高,其功率密度不会太高;而功率密度高,其能量密度则不会太高。但超级电容器在提供 1~5 kW/kg 高功率密度输出的同时,其能量密度可以达到 5~20 W·h/kg。若将它与动力蓄电池组合起来,就会组成为一个兼有高能量密度和高功率密度输出的储能系统。

5. 储存寿命长

超级电容器在充电之后的储存过程中,虽然也存在微小的漏电电流,但这种发生在超级电容器内部的离子或质子迁移运动是在电场的作用下产生的,并没有出现化学或电化学反应,电极材料在电解质中也是相对稳定的,因此超级电容器的储存寿命几乎是无限的。

6. 工作温度范围宽

超级电容器可在 -50~75℃ 的温度条件下工作,性能优于传统电容器和动力蓄电池。

(三) 其他类型的超级电容器介绍

根据电极材料的不同,目前已经提出方案的超级电容器可以分为三类:炭电极双电层超级电容器、金属氧化物电极超级电容器和有机聚合物材料电极超级电容器,下面分别介绍。

1. 炭电极双电层超级电容

炭电极双电层超级电容器(Double Layer Capacitor,DLC)主要使用多孔碳材料作为电极,比如活性炭或白炭黑的碳布、碳粉和碳纤维等。炭电极的主要优点在于材料来源广泛、成本低、加工技术成熟,活性物质表面积大。缺点是随着活性面积的增大,电极的稳定性和导通性有所降低。这种超级电容器就是在本节前面所描述的超级电容器类型。

2. 金属氧化物电极超级电容器

以金属氧化物为电极材料的超级电容器利用法拉第效应来存储能量,这种电容器使用 RuO_2、IrO_2 等金属氧化物作为电极,充放电时,在电极上会发生一系列氧化还原反应。在充电时,电解液中的离子(一般为 $H+$ 或 $OH-$)在外加电场的作用下,到达电极/溶液界面,而后通过界面的电化学反应(Ru(Ir)的化合价在 4~6 之间发生变化)进入电极表面活性氧化物的体相中;若电极材料是具有较大比表面积的氧化物,就会有相当多的这样的电化学反应发生,大量的电荷就会被存储在电极中。放电时这些进入氧化物中的离子又会重新回到电解液中,同时所存储的电荷通过外电路释放出来。在电极的比表面积相同的情况下,金属氧化物超级电容器的电容是由无数微等效电容电路的网络形式形成的,其容量直接与电极中的法拉第电量有关,所以这种电容器的比电容是双电层电容器的 10~100 倍,目前对这种电容器的研究工作已经得到了各家研究机构的重视。这种超级电容器的缺点在于电极材料成本太高,对电解液有一定限制,电容器的额定电压太低。

将这种超级电容器技术和炭电极双电层超级电容器技术结合起来,形成混合型超级电容器,一方面降低了金属氧化物电极电池的过高成本,另一方面也解决了炭电极双电层超级电容器比能量小的问题,俄罗斯在碳镍电极体系超级电容器的研究方面取得了很大的进展。

3. 有机聚合物材料电极超级电容器

这种超级电容器以有机聚合物材料作为电极材料,经过杂化处理,利用法拉第效应来存储能量。其作用机理是:通过在电极上的聚合物膜中发生快速可逆的 n 型或 p 型掺杂和去掺杂氧化还原反应,使聚合物达到很高的储存电荷密度,从而产生很高的法拉第准电容来储存能量。它较高的工作电位源于聚合物的导带和价带之间较宽的能隙。

这种超级电容器的质量比能量和比功率都比较高,对这种超级电容器的研究开发正在成为热点。这种超级电容器的缺点在于有机聚合物材料容易产生膨胀变形,而长期循环充放电过程中会出现性能恶化,稳定性较差。

三、飞轮储能器

飞轮储能器也称飞轮电池,是 20 世纪 70 年代提出的新概念电池。飞轮储能器是一种新兴的电能存储技术,它与超导储能技术、燃料电池技术一样,都是近年来出现的具有很好发展前景的储能技术。虽然目前化学电池储能技术已经发展得非常成熟,但是,化学电池储能技术存在着诸如充放电次数限制、对环境的污染严重以及对工作温度要求高等问题。这样就使新兴的储能技术越来越受到人们的重视。

(一)飞轮储能器基本结构

飞轮储能器主要涉及适用于高速工作环境的飞轮技术、实现电能和机械能之间相互转化的高效电机技术,以及实现各种工作模式之间切换的功率变换器技术,飞轮储能器从动力源获得电能,电机驱动飞轮旋转,以机械能的形式储存能量,飞轮蓄积能量时转速升高,释放能量时转速降低,减少的机械能由发电机转换为电能,输出电路把发电机的电能输出给负载。

飞轮储能系统主要由转子系统、电机、输入/输出电路和真空室四部分组成,如图 3-14 所示。

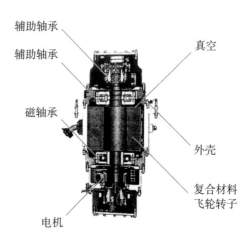

图 3-14 美国宇航局(NASA)设计的飞轮储能系统

1. 转子系统

转子系统包括飞轮本体与支撑两部分。

(1) 飞轮本体。基于飞轮材料要求比强度 σ_b/ρ(σ_b 为材料强度极限,ρ 为材料密度)最大的设计原则,一般选用超强玻璃纤维(或碳纤维等)-环氧树脂复合材料作为飞轮材料,也有少量文献介绍用铝合金或优质钢材制作飞轮。

从飞轮形状看,有单层圆柱状、多层圆柱状、纺锤状、伞状、实心圆盘、带式变惯量与轮辐状等。

(2) 支撑。飞轮的支撑方式主要有超导磁悬浮、电磁悬浮、永磁悬浮和机械支撑四种,也有采用四种中的某两种组合。

2. 电机

从系统结构及降低功耗的角度出发,国外研究单位一般均采用永磁同步电机。电机功耗还取决于电枢电阻、涡流电流和磁滞损耗,因此,无铁定子获得了广泛应用,转子选用钕铁硼永磁铁。

3. 输入/输出电路

输入/输出电路是储能飞轮系统的控制元件。它控制电机,实现电能与机械能的相互转换。

4. 真空室

真空室的作用主要有两点：一是提供真空环境，以降低风阻损失；二是屏蔽事故。真空度是影响系统效率的一个决定因素。目前国际上真空度一般可达 10^{-5} Pa 量级。

（二）飞轮储能器的优点

飞轮储能器兼顾了化学电池、燃料电池和超导电池等储能装置的诸多优点，主要表现在以下几个方面：

(1) 能量密度高：能量密度可达 100~200 W·h/kg，功率密度可达 5 000~10 000 W/kg。
(2) 能量转换效率高：工作效率高达 90%。
(3) 体积小、质量小：飞轮直径约为 20 cm，总重在 15 kg 左右。
(4) 工作温度范围宽：对环境温度没有严格要求。
(5) 使用寿命长：不受重复深度放电影响，能够循环几百万次运行，预期寿命 20 年以上。
(6) 低损耗、低维护：磁悬浮轴承和真空环境使机械损耗可以忽略，系统维护周期长。

（三）飞轮储能器的应用

在电动汽车领域，飞轮储能器非常适合应用于混合动力车辆中。车辆在正常行驶和制动时，给飞轮电池充电，飞轮电池则在加速或爬坡时，给车辆提供动力，保证车辆运行在一种平稳、最优的状态下，可减少燃料消耗，降低空气和噪声污染，延长内燃机的维护周期，延长内燃机的寿命。美国德克萨斯大学已研制出一种汽车用飞轮电池。电池在车辆需要时，可提供 150 kW 的功率，能加速满载车辆到 100 km/h。德国西门子公司也已研制出长 1.5 m、宽 0.75 m 的飞轮电池，可提供 3 MW 的功率。

作为一种新兴的储能方式，飞轮电池拥有传统化学电池无法比拟的优点，它非常符合未来储能技术的发展方向。目前，飞轮电池除了上面介绍的应用领域以外，也正在向小型化、低廉化的方向发展。可以预见，伴随着技术和材料的进步，飞轮电池将在未来的各行各业中发挥重要的作用。

模块一　动力蓄电池的位置、外观及作用

一、镍-氢动力蓄电池

1. 镍-氢动力蓄电池的位置

(1) 镍-氢动力蓄电池（普锐斯）其位置安装在行李舱，如下图所示。

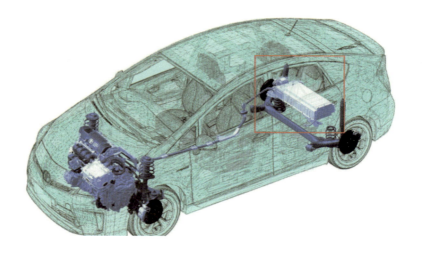

2. 镍-氢电池特点与外观认知

（1）镍-氢电池特点。

① 功率性能好。镍-氢电池内部使用了大量的金属材料，导电性能良好，可以适应大功率放电，目前比功率达到 1 500 W/kg 以上。

② 低温性能好，采用的为无机电解液体系，低温性能相对比锂系列电池要好。

③ 循环寿命高、无污染、耐过充电过放电。

④ 应用等比较成熟，目前商业化的混合动力电动车如丰田的普锐斯、本田的 Insight 等使用的均为镍-氢电池。

⑤ 管理系统相对简单。

⑥ 具有较高的回收价值。

（2）镍-氢电池结构。

镍-氢电池的基本单元是单体电池，每个单体电池都由正极板、负极板和装在正极板和负极板之间的隔板组成，容器外形有圆形和方形两种，如下图所示。

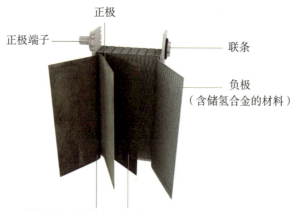

3. 镍-氢电池作用

(1) 高功率型电池主要用于直流电动工具(如枪钻、电锤、切割机)、遥控玩具、电动车、家用电器(如吸尘器、电动剃须刀、电动牙刷)等行业。

(2) 高容量型电池主要用于无绳电话、子母机、手提电脑、手机等通信行业。

(3) 高温型。该电池主要作为车站、码头、宾馆、商场、医院等公共场合使用的消防应急灯具内的备用直流电源。

二、锂电池

1. 锂电池的特点

(1) 能量密度高。目前能达到的实际比能量为 100～125 W·h/kg 和 240～300 W·h/cm^3，随着技术的不断进步，锂离子电池比能量能够达到 150 W·h/kg 和 300～400 W·h/cm^3。

(2) 输出电压高。单体锂离子电池的电压为 3.6 V，是镍-镉电池或镍-金属氢化物(Ni-MH)电池的 3 倍。

(3) 循环寿命长。锂离子电池循环寿命可达 1 000 次以上，若使用小电流放电则更高。

(4) 安全性能好。由于使用了优良的负极材料，克服了电池充电过程中锂枝晶的生长问题，使得锂离子电池的安全性大大提高，不存在诸如 Ni-Cd 和 Ni-MH 电池的"记忆效应"。

(5) 自放电小。室温下充满电的锂离子电池储存 1 个月后的自放电率为 10% 左右。

(6) 环保性能好。生产和使用过程中均无污染，称为绿色电池。

(7) 充放电效率高。充放电效率可接近 100%。

(8) 可实现快速充电。

(9) 工作温度范围宽。目前为 -25～45℃，将来可达 -40～70℃。

2. 锂电池在车上的位置

荣威 E50、比亚迪·秦电池均为锂电池，其位置都位于汽车底部，如右图所示。

3. 锂电池的外观

锂电池有方形和圆柱形两种，如下图所示。

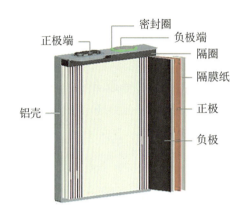
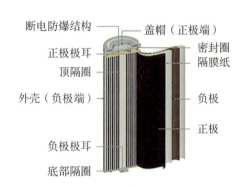

4. 锂电池的作用

是促进汽车行驶的重要媒介。

模块二　超级电容器位置、外观、作用

一、超级电容器位置

超级电容器公交车，其电容器主要在汽车的侧边。

二、超级电容器外观认知

与电池结构相似，超级电容器单体主要由电极、电解质、集电极、隔膜、连接线柱、外壳等组成。超级电容器的结构形式大致分为两种，其一是柱状电容器，即把基片卷绕起来装进圆形金属外壳内，这种电容器适用于低电压大电流充放电的情况；另一种是叠层式的，即将电极基片叠起来，组装在塑料或金属壳内，这种电容器用在高电压小电流充放电的情况下比较合适。

电极的材料、制造技术、电解质组成和隔膜质量对超级电容器的性能有较大影响。

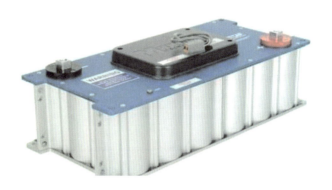

三、超级电容器作用

(1) 以超级电容器为单一电源。

(2) 作为电动汽车的辅助动力电源。

模块三　飞轮储能器结构、位置及作用

一、飞轮储能器结构

飞轮储能器主要由飞轮系统、外壳、电机、散热装置、磁轴承、转子、辅助轴承和电子电路控制组成,如下图所示。

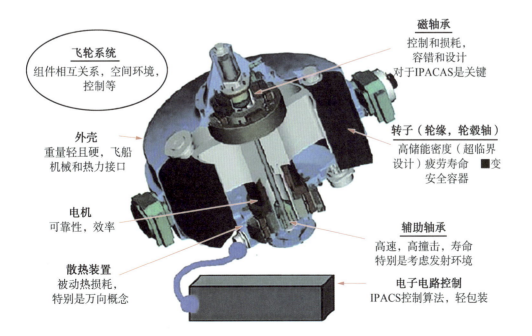

二、飞轮储能器作用

在电动汽车领域,飞轮储能器非常适用于混合动力车辆中。车辆在行驶和制动时,给飞轮电池充电,飞轮电池则在加速或爬坡时,给车辆提供动力,保证车辆运行在一种平稳、最优的状态下,可减少燃料消耗,降低空气和噪声污染,延长内燃机的维护周期,延长内燃机的寿命。

思考与练习

一、判断题

1. 混合动力电动车能降低排气污染(　　),属于节能、环保类型的交通工具。
   A. 70%～80%　　　B. 60%～80%　　　C. 70%～100%　　　D. 50%～80%
2. 动力蓄电池的基本组成不包括(　　)。
   A. 正极活性物质　　B. 电池阀　　　C. 负极活性物质　　　D. 电解质
3. 飞轮储能器的能量密度可达 100～200 W·h/kg,功率密度可达(　　)W/kg。
   A. 5 000～11 000　B. 6 000～10 000　C. 75 000～10 000　D. 5 000～10 000

二、判断题

1. 电池充电通常尽快使电池恢复额定容量,即在恢复电池容量的前提下,充电时间越短越好。　(　　)
2. 功率密度高不是超级电容器的优点。　(　　)
3. 飞轮储能系统主要由转子系统、电机、输入/输出电路和真空室四部分组成。　(　　)

任务二　了解新能源汽车电机驱动系统

电机驱动系统是电动汽车中把电能转换为机械能的动力部件。

一、电机驱动系统认知

（一）驱动系统概述

在新能源汽车中，一般情况下是电机取代内燃机，在电机控制器的控制下，将电能转换为机械能来驱动汽车行驶。新能源汽车与普通燃油汽车最重要的区别就在于电机驱动系统。新能源汽车的电机驱动系统主要由电气系统和机械系统组成。其中，电气系统由电机、电机控制器和高压线束三个子系统构成，机械系统则由动力分配装置等构成。在电气系统和机械系统的连接过程中，机械系统是可选的，有些新能源汽车的电机是装在轮毂上直接驱动汽车的。

电机驱动系统主要由电机、电机控制器、动力分配装置和冷却系统组成，如图3-15所示。电机控制器主要是将外界输入的信号进行处理并转换成驱动电机功

电机驱动系统组成

图3-15　电机驱动系统

率信号。电机是将电机控制器传输过来的电能转换成机械能传输给动力分配装置。动力分配装置将电机传输过来的机械能分配给车轮行驶。电驱冷却系统是对整个电机驱动系统进行冷却,保证电机驱动系统温度在正常的工作范围内。

(二) 电机驱动系统相关术语

电机及其控制器的主要性能指标如下:

(1) 额定功率:在额定条件下的输出功率。

(2) 峰值功率:在规定的持续时间内,电机允许的最大输出功率。

(3) 额定转速:额定功率下电机的转速。

(4) 最高工作转速:相应于电动汽车最高设计车速的电机转速。

(5) 额定转矩:电机在额定功率和额定转速下的输出转矩。

(6) 峰值转矩:电机在规定的持续时间内允许输出的最大转矩。

(7) 电机及控制器整体效率:电机转输轴输出功率除以控制器输入功率再乘以 100%。

下列以 2t 型环卫车电机参数为例,具体说明上述指标的实际意义。

额定功率:30 kW;

峰值功率:60 kW;

额定转速:3 000 r/min;

最大转速:8 000 r/min;

额定转矩:96 N·m;

峰值转矩:200 N·m;

额定效率(包括控制器):≥93%;

该类型的效率如图 3-16 所示。

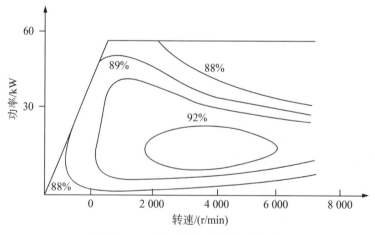

图 3-16 电机功率、转速与效率图

电机在超过额定范围条件下工作时,将有一定的时间限制,如 15 min 峰值工况、30 min 峰值工况等。

(三) 新能源电动汽车对电机驱动系统的要求

为适应电动汽车在起步、加速、匀速、降速、爬坡、下坡、高速、低速、滑行、制动和停车等各种行驶工况的负载特性匹配要求,电动汽车的动力驱动系统应满足以下要求。

1. 起动力矩大且过载能力强

新能源电动汽车在运行时要满足带负载起步要求,同时,在汽车加速时,还应有较强的短时过载能力,这是汽车能够正常行驶的必要条件。

2. 限制电机过大的峰值电流

峰值电流应小于动力蓄电池最大放电允许电流以避免电机损坏。普通电机起动电流较大,需设法改善电机的起动特性,促进电机驱动系统发挥最大性能。

3. 调速范围宽

当电机有较宽的调速范围时,高、低速各工况均能高效运行,并保持理想调速特性。通常电机在所设计额定功率及其转速附近运行效率较高,而远离额定点效率必然会降低,为此将提出多级额定转速设计,以简化机械传动而减少其摩擦损耗和车载质量。

4. 电机能够正反转两个方向运行

当电机正反两个方向都可以正常运行时,汽车倒车时就不必切换齿轮来实现倒挡,使汽车操纵行驶更加流畅。

5. 方便、高效地实现发电反馈

使汽车降速制动和下坡滑行时,经电机将更多动能转化为电能回馈给动力蓄电池来提高续驶里程。

6. 设法使电机同时具有电磁制动功能

当电磁制动的动态响应极快时,可及时准确地对前、后、左、右车轮制动力适宜分配,提高汽车安全性。

7. 调速响应快

提高电机的动态响应性可改善行驶中可控制性能。促使车辆操作更加顺畅,行驶更加稳定。

8. 运行平稳及可靠性高

车辆行驶时,突发状况不可避免。所以,应利用故障容错性,确保电动汽车出现故障时,仍能够"跛行回家",以避免交通堵塞及不可预计的人身伤害。

二、电机驱动系统的分类

新能源汽车所采用的电机,种类相对较少,功率覆盖面也很窄,目前电动汽车常用的电机驱动系统主要有 4 种。

1. 直流电机驱动系统

直流电机驱动系统由转速调整器、电流调整器、触发电路、驱动电路、测速电路、整流电路、H 桥型电路、电机组成,如图 3-17 所示。电机控制器一般采用脉宽调制(PWM)斩波控制模式。在驱动电机部分,永磁式直流电机的定子磁极是永磁体组成的,利用永磁体提供磁场,使转子在磁场的作用下旋转。但是由于直流电机机械结构复杂,导致它的瞬时过载能力和电机转速的进一步提高受到限制,而且在长时间工作的情况下,电机的机械结构会产生损耗,增加维护成本。此外,电机运转时电刷冒出的火花使转子发热,会造成高频电磁干扰,影响整车其他电器性能。由于直流电机有着以上缺点,目前的电动汽车已经基本将直流电机淘汰。

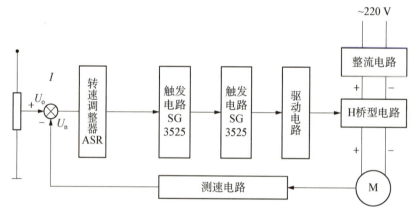

图 3-17 直流电机驱动系统组成示意图

2. 交流异步电机驱动系统

交流异步电机驱动系统由高压动力蓄电池、升压转换器、变频器、电机等组成,如图 3-18 所示。电机控制器采用 PWM 方式实现直流到三相交流的电源变换,采用变频调速方式实现电机调速,采用矢量控制或直接转矩控制策略实现电机转矩控制的快速响应。在驱动电机部分,异步电机中电机转子的转速不等于定子旋转磁场的转速,转子与定子旋转磁场在空间旋转时不同步。相比于永磁同步电机,异步电机的优点是成本低、工艺简单、运行可靠耐用、维修方便,而且能忍受大幅度的工作温度变化。反之,温度大幅变化会损坏永磁同步电机。

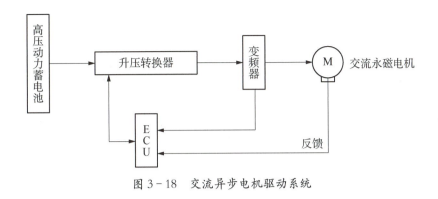

图 3-18 交流异步电机驱动系统

3. 交流永磁电机驱动系统（包括正弦波永磁同步电机驱动系统和梯形波无刷直流电机驱动系统）

其中正弦波永磁同步电机控制器采用 PWM 方式实现高压直流到三相交流的电源变换，采用变频调速方式实现电机调速；梯形波无刷直流电机控制通常采用"弱磁调速"方式实现电机的控制。由于正弦波永磁同步电机驱动系统低速转矩脉动小且高速恒功率区调速更稳定，因此比梯形波无刷直流电机驱动系统具有更好的应用前景。

4. 开关磁阻电机驱动系统

开关磁阻电机驱动系统主要由功率变化器、控制器、开关磁阻电机、传感器等组成。电机控制一般采用模糊滑模控制方法。开关磁阻电机为系统的主要组成部分，实现由电能向机械能的转化。开关磁阻电机作为一种新型电机，相比其他类型的驱动电机而言，它的结构最为简单，定子、转子均为普通硅钢片叠压而成的双凸极结构，转子上没有绕组，定子装有简单的集中绕组，具有结构简单坚固、可靠性高、质量小、成本低、效率高、温升低、易于维修等诸多优点。而且它具有直流调速系统可控性好的优良特性，同时适用于恶劣环境，非常适合作为电动汽车的驱动电机使用，曾被专家预测为电动车领域的一匹黑马。

目前纯电动汽车所用电机均为永磁同步电机，交流永磁电机采用稀土永磁体励磁，与感应电机相比不需要励磁电路，具有效率高、功率密度大、控制精度高、转矩脉动小等特点。

三、新能源汽车电驱动的发展方向

基于新能源汽车对电机驱动系统的要求，其发展方向如下。

1. 纯电驱动汽车用电机及其控制系统产业化

为掌握电驱动汽车用电机及其控制系统设计、开发和产业化关键技术，提高系统功率密度、转矩密度、效率和可靠性等性能，开发系列化产品，实现批量化生产。研究高密度、高集成度、高效率电机及其控制系统，研究电机与机电耦合装置的集成技术；研究车载环境下电机系统热管理与减振降噪技术；研究电机系统的环境适应性、可靠性与耐久性预测和评估方法;研究电机系统的产品化应用技术;研究批量生产的先进制造技术和质量控制技术。

2. 下一代电驱动系统的研究与开发

为开发新一代电驱动总成系统,掌握产品设计、开发、生产的核心关键技术。

其主要内容为:

(1) 开展电机、减速装置、制动器和轮毂的一体化结构设计技术研究,研究高密度高效率控制技术、冷却与热管理技术、NVH 技术、新结构新材料应用技术等。

(2) 研究多相电机高密度高效率设计技术、电机驱动及控制技术、系统集成设计、热管理及容错技术等。

(3) 研究机电耦合动力系统总成及其控制单元、电机协调控制技术、电机与变速器结构集成及其附件设计、系统热分析与热管理系统设计等。

(4) 研究电力电子集成封装与互联技术、机-电-热-磁多领域验证技术、层叠母排与电解电容/膜电容模块化结构设计技术、多功能全数字控制电路小型化与 EMC 技术、集成控制器多参量测试方法等。

这种研究重点考核系统和总成的功率密度、转矩密度、系统效率等关键技术指标的先进性和可行性,提供下一代电驱动系统样机,并完成相应的测试与评价,完成相关技术标准的提案等。

近年来,新能源汽车驱动电机技术不断强化。深度混合动力以外的其他类型的电驱动技术也迅速发展起来,包括纯电动、增程电动、燃料电池驱动等。由于这类车辆的驱动电机要提供全车的动力,其转矩、功率和效率的要求上升到新的高度。

模块一 以比亚迪·秦为例,讲述新能源汽车高压驱动系统

高压驱动系统指的是由动力蓄电池为整车提供驱动力的一整套装置总称。

一、动力蓄电池包

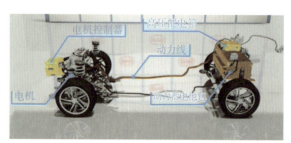

动力蓄电池包提供电压、电流到高压配电箱。

二、高压配电箱

高压配电箱分配高压电流给电机控制器。

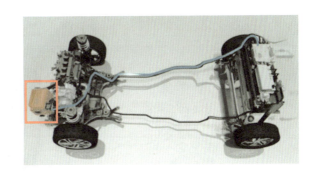

三、电机控制器

(1) 将动力蓄电池包提供的高压直流电逆变成高压交流电,通过三相线供给驱动电机,同时通过低压DC/DC转换器,将高压电转化为12 V的低压电,为整车所有低压电器供电。

(2) 在起动电池亏电时,DC会给起动电池充电,保证起动电池一直有电。

四、电机

提供的动力蓄转矩经传动系统的传递作用于驱动轮,驱动车轮行驶。

五、动力线

动力线用于所有电压电流的传递。

模块二　以北汽 EV160 为例,讲述新能源高压驱动系统

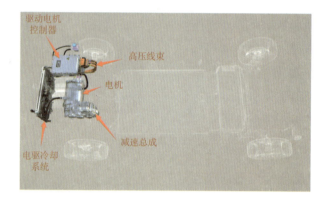

一、电机

电机工作原理

电机用于驱动车辆,为车辆提供动力,并进行能量回收。

二、驱动电机控制器

动力分配;汽车加速时,驱动电机控制器根据相应加速踏板信号增大输出给电机的电流,电机加速转动,增加转矩并通过传动系统驱动车轮加速行驶;反之,汽车减速时,电机控制信号根据减速信号,将车轮在减速过程中的动能通过电机产生反向电动势回馈给动力蓄电池。

驱动电机控制器工作原理

三、减速器总成

将电能转化为机械能传递给车轮,驱动车辆行驶。

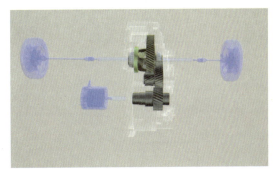

减速器工作原理

四、电驱冷却系统

能够冷却电机驱动系统部件,能保持电机驱动系统在适宜温度下工作。

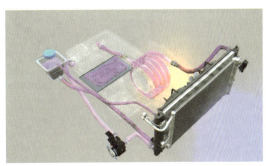

电驱冷却系统原理

思考与练习

一、判断题

1. 下列不是电机控制器主要部件的是(　　)。
   A. 功率单元　　　B. 控制单元　　　C. 驱动单元　　　D. 电子控制器
2. "在规定的持续时间内,电机允许的最大输出功率"指的是(　　)。
   A. 额定功率　　　B. 峰值功率　　　C. 峰值转矩　　　D. 最高工作转速
3. "相应于电动汽车最高设计车速的电机转速"指的是(　　)。
   A. 额定转速　　　B. 峰值转矩　　　C. 额定转矩　　　D. 最高工作转速
4. 下列不属于新能源电动汽车对电机驱动系统要求是(　　)。
   A. 起动力矩大且过载能力强　　　B. 方便、高效地实现发电反馈
   C. 易实现转速超过 10 000 r/min　　　D. 运行平稳及可靠性高
5. 下列不是交流异步电机驱动系统的组成是(　　)。
   A. H 桥型电路　　　B. 升压转换器　　　C. 高压动力蓄电池　　　D. 电机

二、填空题

写出箭头所指部件的名称:

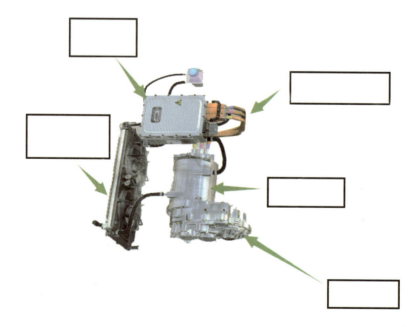

任务三　熟知新能源汽车能量管理与回收系统

传知解惑

在新能源汽车驱动系统中，不同形式的能量混合后必须要经过能量管理才能有效地向车辆提供动力，能量管理是新能源汽车的核心功能，没有有效的能量管理就无法实现新能源汽车性能的提升。车辆行驶提出的转矩需求必须经过能量管理模块，根据车辆动力混合方式、部件、策略的不同，合理地将能量需求分配到不同的驱动系统中。新能源汽车驱动系统中各种辅助装置的电气特性往往有很大差异，如何使这种由各种能量装置构成的混合动力系统能够稳定、可靠、高效地工作，成为提高新能源汽车动力性能的关键问题。制动能量回收是汽车能量管理系统中的最重要的作用之一，同时是电动汽车和燃油汽车制动系统最大的区别之一。在一般燃油汽车上，当车辆减速或制动时，车辆的动能通过制动系统摩擦转变为热能，向大气中释放。而在电动汽车上，当电能不驱动电机运转时，汽车的惯性使车轮带动电机(此时已成为发电机)转动并发电为动力蓄电池充电，使这种被浪费掉的运动能量转变为电能补充给电动汽车，从而实现了制动能量的回收，如图 3-19 所示。各种电池多能量的分配控制是一个关键技术，对汽车经济性、动力性及部件寿命有很大影响，对新能源汽车多能量分配方案的优化控制技术将成为推动新能源汽车发展的一项关键技术。

通过对纯电动汽车和混合动力汽车能量管理系统的研究和分析，再通过对燃料电池混合动力汽车能量管理优化控制的研究，建立合适的控制模型来克服燃料电池动态响应慢的

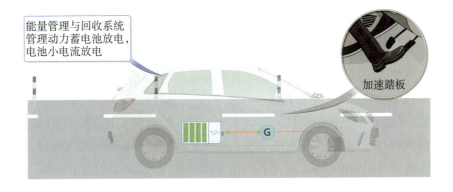

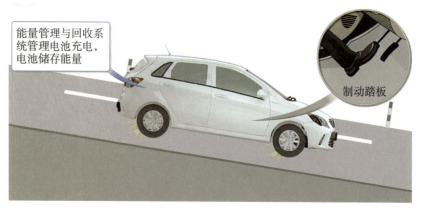

图 3-19　能量管理与回收系统功用

能量管理与回收系统功用

弱点,快速跟踪车辆随时变化的行驶状态;根据车辆的动力需求,合理分配两种动力能量,使燃料电池和辅助电池都工作在较为理想的工作区间,使车辆获得最佳的动力性能;建立合理的能量反馈机制,以提高车辆的续驶能力。也就是说能量管理在新能源汽车中起到核心控制作用。

一、新能源电动汽车的能量管理系统作用

对新能源汽车动力系统能量转换装置的输出能量进行协调、分配和控制的软、硬件系统称为能量管理系统。

能量管理系统的硬件由一系列传感器、控制单元(ECU)和执行元件等组成;软件系统的功用主要是对传感器的信号进行分析处理,对能量转换装置的工作状态进行优化分析并向执行元件发出指令。因此,新能源汽车能量管理系统的功能是满足汽车基本技术性能(如动力性、驾驶平稳性等)和成本等要求的前提下,根据各个能量储存装置、能量转换装置的特性及汽车的运行工况,实现能量在能量转换装置(如电机、储能装置、功率转换器模块、动力传递装置、发电机和燃料电池等)之间按最佳路线流动,使整车的能量利用效率达到最高。

不同种类的电动汽车的能量转换系统组成不同,因而其能量管理软件、硬件系统装置构成就不同。动力蓄电池电动汽车的能量转换由内燃机/发电机、动力蓄电池、功率转化器及动力传递装置等组成,能量传递路线主要从动力蓄电池到车轮(行驶)和从车轮到动力蓄电池(能量回收)两条,因而其能量管理系统最为简单,其主要任务是在满足汽车动力性能需求的前提下,使动力蓄电池储存的能量得到最有效的利用,并能使其汽车的减速和制动能量得到最大限度的回收,使汽车能量使用效率最高。纯燃料电池电动汽车(指无储能装置的FCV)也与此类似。混合动力燃料电池和混合动力电动汽车,其能量转换装置通常包括发电装置(如

内燃机/发电机或燃料电池)、能量储存装置(动力蓄电池、超级电容器等)、功率变换模块、动力传递装置、充放电装置等。其能量传递路线有四条：①由发电装置到车轮的动力传动路线；②由动力蓄电池到车轮；③由发电机装置到能量储存装置；④由车轮到能量储存装置(能量回收)的能量流动路线。

为了使新能源汽车具有良好的力学性能、电驱动性能及合理的能量分配等，新能源汽车的能量管理系统必须对能量系统工作进行有效的监测和控制，使新能源汽车的能量进行最佳流动，以实现最大限度地利用能量，提高汽车的经济性能。所以，能量管理系统是电动汽车整车设计的一个重要环节。

二、新能源汽车能量管理系统组成及原理

(一) 纯电动汽车能量管理系统组成及原理

纯电动汽车的能源是电能，电能的储存方式和来源不尽相同。目前纯电动汽车动力蓄电池类型复杂，规格众多，性能不一，如锂电池、铅酸动力蓄电池等。对于不同的电动汽车，所选用的动力蓄电池要求也是不一样的，其能量管理系统也有一定的差别。

如图3-20所示，系统中各相关模块向能量管理系统子单元(ECU)提供的参数有各电池组的状态参数(如工作电压、放电电流和电池温度等)、车辆运行状态参数(如行驶速度、电动功率等)和车辆操纵状态(如制动、起动、加速和减速等)。能量管理系统具有对检测的状态参数进行实时显示的功能。ECU对检测的状态参数按既定的算法和控制策略进行运算和决策，并向电池、电机等发出合适的控制指令等，实现电池能量的优化管理与控制。

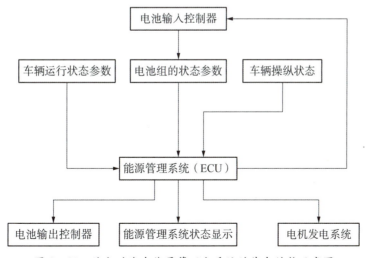

图3-20 纯电动汽车能量管理分系统的基本结构示意图

(二)混合动力汽车能量管理系统组成及原理

由燃料电池(或燃油内燃机)与储能装置组成的混合动力汽车,其能量传递路线有四条。每一条能量流动路线上的能量流的开始时刻、关闭时刻和大小等对整车的性能都有重要的影响。能量管理系统属于车辆控制系统的一部分,应在车辆控制系统选定的工作模式下,对能量流的分配进行优化和最佳控制。

下面以长安混合动力汽车的系统结构为例,如图 3-21 所示,说明能量管理系统与车辆其他系统的关系。该车的动力源(能量)传递路径有:①由传统的四缸内燃机到轮胎;②由动力蓄电池到轮胎;③由轮胎到动力蓄电池包,在汽车下坡或制动工况时,由集成的发电机/电机 ISG(Integrated Starter and Generator)将汽车的再生或制动的能量存储在动力蓄电池中;④由发电机 ISG 到动力蓄电池包。ISG 通过控制器和驱动器进行控制,电池能量管理系统对电池组的荷电状态进行控制。内燃机由电控单元(ECU)和电子节气门进行控制。混合动力系统中所有的控制子系统,通过 CAN 总线向多能量动力总成管理系统发送子系统运行信息,同时接受多能量总成管理系统的控制命令,混合动力系统的控制协调通过多能量总成管理系统实现。

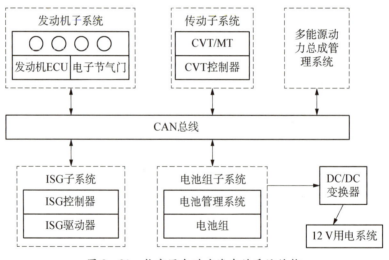

图 3-21 长安混合动力汽车的系统结构

三、新能源电动汽车的能量回收系统

能量回收系统是指一种应用在汽车或者轨道交通上的、能够将制动和滑行时产生的热能转换成机械能,并将其存储在电容器内或为动力蓄电池充电,在使用时可迅速将能量释放。能量回收问题对于提高 EV 的能量利用率具有重要意义。新能源汽车的能量再生制动,简称再生制动,是指在车辆减速或制动时,使驱动电机工作于发电机工况,将车辆的一部分

动能转化为电能并回馈至电源的过程。目前电动汽车产业化的最大障碍是电动汽车续驶里程短,而再生制动系统能充分发挥电动汽车的优点,将汽车制动时的部分动能转化为电能回馈到动力蓄电池,从而有效地利用电池能量,提高电动汽车的续驶里程。电动汽车采用再生制动时,驱动电机运行在发电状态,将汽车的部分动能回馈给动力蓄电池以对其充电,对延长电动汽车的行驶距离是至关重要的。国外有关研究表明,在存在较频繁的制动与起动的城市工况运行条件下,有效地回收制动能量,可使电动汽车的行驶距离延长 10%～30%,丰田普锐斯可以回收大约 30%的能量,使电动车的续驶里程实现较大提高。

(一)制动能量回收方法

电机在切断电源后,不可能立即完全停止旋转,总是在其本身及所带负荷的惯性作用下旋转一段时间后才能停止。因而,在能源供应紧张并且电动汽车续驶能力较小的情况下,利用电机制动过程中的剩余能量自然就成了研究开发的一个热点。

电机制动的方法可分为机械制动和电气制动两大类。电气制动又可分为反接制动、能耗制动和回馈发电制动三种形式。电动汽车的制动方式应考虑机械制动和电气制动两种类型的组合,尽可能多地用回馈发电方式取代机械制动。在电动汽车制动和下坡滑行时,通过控制系统将电机的状态改为发电状态,将发电机发出的电能储存于电池之中,这样既可减少机械制动系统的损耗,又能提高整车能量的使用效率,达到节约能源和提高电动汽车续驶里程的目的。

一般而言,回馈发电制动只能起到限制电机转子速度过高的作用,即不让转子的速度比同步速度高出很多,但无法使其小于同步转速,即回馈制动系统仅仅能起到稳定运行的作用。因此,回馈制动系统工作时应根据汽车运行状况改变,如在车辆制动、下坡滑行、高速运行和减速运行时等不同场合应采用不同的对策。

1. 飞轮储能的工作原理

飞轮储能是利用高速旋转的飞轮来储存和释放能量,其基本工作原理是:当车辆制动或减速时,先将车辆在制动或减速过程中的动能转换为飞轮高速旋转的动能;当车辆再次起动或加速时,高速旋转的飞轮又将存储的动能通过传动装置转化为车辆行驶的驱动力。其能量转化过程如图 3-22 所示。

图 3-22 飞轮式储能制动能量转换过程示意图

图 3-23 是飞轮储能式制动能量再生系统构成图,主要由内燃机、高速储能飞轮、增速齿轮、飞轮离合器和驱动桥组成。内燃机用来提供驱动车辆的主要动力,高速储能飞轮用来回收制动能量以及作为负荷平衡装置,为内燃机提供辅助的功率以满足峰值功率要求。由于市区公共车辆具有很大的惯性,在正常行驶时又具有很高的可逆能量——动能,可用高速储能飞轮将其回收,在起步或加速过程中释放出去,既减少了能源的浪费,又提高了车辆的性能。

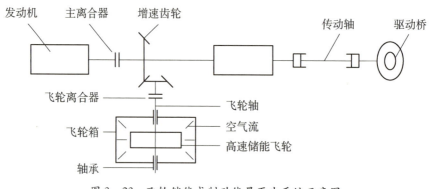

图 3-23 飞轮储能式制动能量再生系统示意图

2. 液压储能

其工作原理是:先将车辆在制动或减速过程中的动能转化成液压能,并将液压能储藏在液压储能器中;当车辆再次起动或加速时,储能系统又将储能器中的液压能以机械能的形式反作用于车辆,以增加车辆的驱动力。

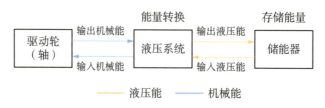

图 3-24 液压储能式制动能量再生回收系统原理图

如图 3-25 所示为利用液压储能原理设计的一种制动能量再生回收系统。系统由内燃机、液压泵/电机、液压储能器、联动变速器、驱动桥、液控离合器和液压控制系统组成。起动、加速或爬坡时,液控离合器接合,液压储能器与联动变速器连接,液压储能器中的液压能通过液压泵/电机转化为驱动车辆的动能,用来辅助内燃机满足驱动车辆所需要的峰值功率。减速时,电控元器件发出信号,使系统处于储能状态,将动能转化为压力能储存在液压储能器中,致使车辆行驶阻力增大,车速降低至停车。

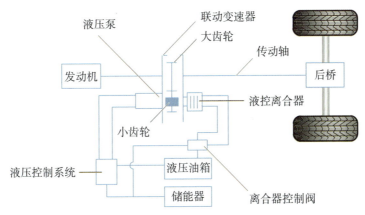

图 3-25 液压储能式制动能量再生系统示意图

3. 电化学储能

电化学储能工作原理是：首先将车辆在制动或减速过程中的动能,通过发电机转化为电能并以化学能的形式存储在储能器中,当车辆需要起动或加速时,再将存储器中的化学能通过电机转化为车辆行驶的动能。其工作原理如图 3-26 所示。

图 3-26 电化学储能式制动能量再生回收系统原理图

如图 3-26 所示是用于前轮驱动轿车的电化学储能式制动能量再生回收系统,该系统工作过程为：当车辆制动时,行车制动系统开始工作,车辆减速制动,电磁离合器接合,从而接通驱动轴和变速器的输出轴。这样,车辆的动能由输出轴、离合器、驱动轴、驱动轮和从动轮传到发电机和飞轮上。制动时的机械能由电机转化为电能,存入动力蓄电池。在发电机和飞轮回收能量的同时产生负荷作用,作为前轮驱动的阻力。

（二）电动汽车制动能量的回收

1. 制动模式

电动汽车制动可分为以下三种模式,对不同情况应采用不同的控制策略。

（1）紧急制动。

配合机械制动,增大制动力度,通过控制系统实现最合理的制动偏重分配。由于制动时间短,其回收的能量主要储存在超级电容器中供车辆再次起动或加速过程的电能,降低电池在起动和加速时的负担。

(2) 中轻度制动。

代替机械制动产生制动力,使车辆平稳减速,提高乘员的舒适度。回收的电能在电容器中储存满后开始向电池充电。

(3) 长时间减速制动。

在下坡或长时间滑行时长时持续地为电池充电,除了达到轻度制动的作用外。此功能可被广泛应用于山区和地形不平坦的道路情况中,回收大量的能量。还可以很大程度地减少制动器的负担,避免制动时间过长而引起的热衰退造成的制动力不足甚至制动失灵。

2. 制动能量回收的约束条件

实用的能量回收系统应满足以下要求。

(1) 满足制动的安全要求,符合驾驶员的制动习惯。

(2) 考虑驱动电机的发电工作特性和输出能力。

(3) 确保电池组在充电过程中的安全,防止过充电。

由以上分析可得能量回收的约束条件如下:

(1) 根据电池放电深度的不同,电池可接受的最大充电电流。

(2) 电池可接受的最大充电时间。

(3) 能量回收停止时电机的转速及与此相对应的充电电流值。

3. 制动能量回收控制算法功效的评价

以初始速度为 60 km/h 的电制动典型过程为例,经仿真计算可得,回收能量占车体总动能的 65.4%,其余的 34.6% 为机械制动和电制动过程中的损耗。以我国轿车循环工况为例,考虑到摩擦阻力及各部分效率的问题,回收能量占总耗能的 23.3%。

以北汽 EV160 为例,讲述新能源电动汽车能量管理与回收系统的电路。

新能源汽车能量管理与回收系统主要由动力蓄电池、DC/DC 转换器、电机、车轮组成。

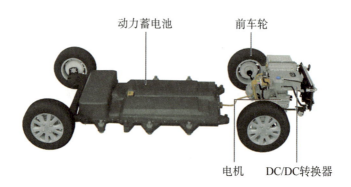

一、新能源电动汽车工作状态的供电

动力蓄电池提供电力给 DC/DC 转换器,通过 DC/DC 转换器将电能转换给电机,电机将电能转换为机械能传输给车轮。

二、新能源电动汽车制动能量的回收

当车轮减速、制动时使电机减速,机械能转化为电能,通过 DC/DC 转换器将电能转换给电池,用于回收储存。

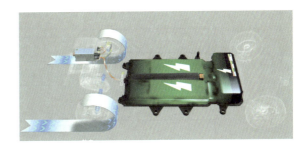

思考与练习

一、选择题

1. 属于能量管理系统硬件的是(　　)。
   A. 传感器　　　　　B. 控制单元(ECU)　　C. 执行元件　　　　D. 动力传递装置
2. 下列不是混合动力燃料电池和混合动力电动汽车能量传递路线的是(　　)。
   A. 由发电装置到车轮的动力传动路线
   B. 由动力蓄电池到车轮
   C. 由传感器到能量储存装置
   D. 由车轮到能量储存装置(能量回收)的能量流动路线
3. 下列选项不属于长安混合动力汽车的动力源(能量)传递路径的是(　　)。
   A. 由发电装置到车轮的动力传动路线
   B. 由传统的四缸内燃机到轮胎
   C. 由动力蓄电池到轮胎

D. 由发电装置 ISG 到动力蓄电池包

4. 能量回收系统是指一种应用于汽车或者轨道交通上的,能够将制动和滑行时产生的热能转换成(　　),并将其存储在电容器内或为动力蓄电池充电,在使用时可迅速将能量释放。

    A. 机械能   B. 液压能   C. 电能   D. 直流电压

5. 下列不是制动能量回收方法的是(　　)。

    A. 飞轮储能   B. 超级电容器储能

    C. 液压储能   D. 电化学储能

二、填空题

将空格内容填充完整:

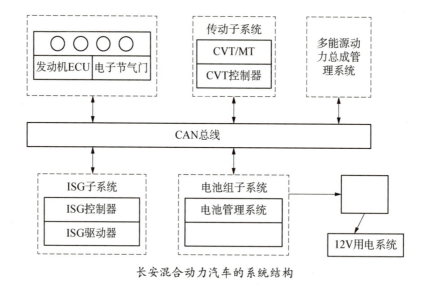

长安混合动力汽车的系统结构

飞轮式储能制动能量转换过程示意图

任务四　掌握新能源汽车充电技术

一、电动汽车充电装置的名词术语

（一）充电装置

1. 磁放大型充电装置

由整流变压器、饱和电抗器、三相整流桥和滤波器构成。整流变压器一次绕组接三相380 V 交流电源，二次绕组输出的电压接至自饱和电抗器，调整磁饱和电抗器的磁饱和放大倍数，从而在充电装置的输出端取得负载所要求的电压值。磁放大型充电装置接线简单、调试方便，但稳定性能差、容量较小。

2. 相控型充电装置

三相 380 V 交流电源经熔断器、热继电器和交流接触器接至隔离变压器，由接在隔离变压器二次绕组上的晶闸管三相全控桥进行调压。其体积大、接线较复杂，容量较大。

3. 高频开关整流模块

由主电路、调整控制电路和辅助电路三部分组成。主电路由交流整流滤波、直流变换（高频变换）器等元器件组成，其作用是从单相或三相交流电网中取得交流电，并将其转换为符合要求的直流电。控制电路采用 PWM 脉宽调制电路，其作用是对输出电压进行检测和取样，并与基准定值进行比较，从而控制高频开关功率管的开关时间比例，达到调节输出电压的目的。

4. 高频开关模块型充电装置

高频开关模块型充电装置由若干个高频开关整流模块并联组成。其中交流配电模块是对交流电源进行处理、保护、监测并与充电模块连接。充电模块将交流电转变为直流电，按 N+1 或 N+2 并联方式运行，使用时可根据实际负载大小选择具体模块的数目。高频开关模块型充电装置取消了庞大的隔离变压器，在高频化、小型化及模块化上有很大进展，具有输出稳流、稳压精度高、纹波系数小等优点。

(二) 充电机的通用术语

(1) 充电(充电器)。以受控的方式将电能传输到电动汽车的动力蓄电池或其他车载储能装置的过程。

(2) 充电能量(充电器)。用于充电的电能,有交流充电能量和动力蓄电池充电能量两种。

① 交流充电能量。通过交流电源输入充电器的能量,单位为 W·h。

② 动力蓄电池充电能量。通过充电器输入动力蓄电池的能量,单位为 W·h。

(3) 充电电流(充电器)。充电器充电时的输出电流。

(4) 充电电压(充电器)。充电器充电时的输出端电压。

(5) 充电器。控制和调整动力蓄电池充电的电能转换装置。

① 车载充电器。固定地安装在车上的充电器。

② 非车载充电器。车辆行驶过程中,不固定地安装在车上的充电器。

③ 部分车载充电器。一些元件安装在车上,另一些元件不安装在车上的充电器。

(三) 充电方式

(1) 均衡充电。为确保动力蓄电池中所有单体动力蓄电池荷电状态均匀的一种延续充电。

(2) 恒流充电。以一个受控的恒定电流对动力蓄电池进行充电的方式。

(3) 恒压充电。以一个受控的恒定电压对动力蓄电池进行充电的方式。

(4) 脉冲充电。以脉冲电流对动力蓄电池进行充电的方式。

(5) 感应式充电。利用电磁感应对动力蓄电池进行充电的方式。

(6) 传导式充电。利用电传导对动力蓄电池进行充电的方式。

(四) 结构部件

(1) 直流电源。提供直流电能的装置。

(2) 充电电缆。给电动汽车充电的连接线。

(3) 充电连接器。充电电缆与电动汽车的连接装置。

(4) 充电计时器。设定充电时间的装置。

(5) 充电插头、插座。电动汽车充电用的插头、插座。

(6) 锁止机构。机械锁止充电连接器的装置。

(7) 充电控制器。对充电过程进行控制的装置。

(8) 平滑滤波器。通常在整流器与负载之间装设降低脉动电压的设备,叫作平滑滤波器。平滑滤波器一般是由电感、电容等元件组合而成。

(五) 规格、性能

(1) 额定频率。交流电源输出频率的额定值。

(2) 额定(交流)输入容量。在规定条件下,充电器工作时的(交流)输入容量,单位一般用 VA 表示。

(3) 输入频率。交流输入电源频率。

(4) 频率变动范围。交流输入电源的频率。

(5) 效率。输出与输入能量之比。

(6) 电压调节范围。充电器输出电压的可调整范围。

(7) 电压变动范围。充电器的交流输入电源电压的允许变动范围;(恒定充电)直流输出电压的变动范围。

(8) 电压脉动。叠加在直流电压上的脉动电压。

(9) 电流脉动。叠加在直流电压上的脉动电流。

(10) 谐波电流。与基本频率成整倍数的电流的总称。

(11) 冲击电流。充电器启动时在一至数个周期内产生的过大交流(输入)电流,一般用峰值表示。

(12) 高频噪声。由充电器发出的传导性及辐射性噪声。

(13) 传导噪声。重叠或侵入充电器输入和输出端连接线的高频噪声。

(14) 辐射噪声。充电器传播并发射到空间的高频噪声。

(15) 纹波系数。应用整流技术可以将交流电转变成直流电,但经整流出来的电压还不是纯粹的直流电,而是一个脉动的直流电压。它除有直流成分外,还包含着不同频率和振幅的交流成分。纹波系数 γ 表示负载上直流电的平滑程度与脉动大小,γ 值小说明负载上的直流电压或电流脉动小,因此 γ 值是表示整流直流电源质量的参数。对于整流直流电源而言,γ 值是越小越好,一般要求电力系统中的硅整流充电装置的纹波系数不大于 2%。

(16) 自动稳流。在动力蓄电池充电过程中,由于充电装置的自动控制作用,其输入电流不随动力蓄电池组的端电压升高而降低保持稳定。

(17) 自动稳压。在动力蓄电池充电过程中,随着时间的推移,动力蓄电池组充入容量的增加,由于充电装置的自动控制作用,其充电电流自动降低,而输出电压自动保持恒定。

(18) 稳流精度。交流输入电压在额定电压±10%范围内变化、输出电流在20%~100%额定值的任一数值,充电电压在规定的调整范围内变化时,其稳定精度为输出电流波动极限与输出电流整定值之差与输出电流整定值之比的百分数。

稳流精度按照以下公式计算:

$$\delta_I = \frac{I_M - I_Z}{I_Z} \times 100\%$$

式中:δ_I——稳流精度;

I_M——输出电流波动极限值;

I_Z——输出电流整定值。

(19) 稳压精度。交流输入电压在额定电压±10%范围内变化、负荷电流在0～100%额定值变化时，直流输出电压在调整范围内任一数值，其稳压精度为输出电压波动极限值与输出电压整定值之差与输出电压整定值之比的百分数。

稳压精度按照以下公式计算：

$$\delta_U = \frac{U_M - U_Z}{U_Z} \times 100\%$$

式中：δ_U——稳定精度；

U_M——输出电压波动极限值；

U_Z——输出电压整定值。

(20) 均流及均流不平衡度。采用同型号同参数的高频开关电源模块整流以 $N+1$ 或 $N+2$ 多块并联方式运行，每个模块都能均匀地承担总的负荷电流，称为均流。模块间负荷电流的差异，叫均流不平衡度。

(21) 三遥功能。遥测、遥信、遥控功能，即充电装置可实现遥控开机、关机和遥控浮充、均充转换，数据遥测，工况异常遥信或故障遥信等。

二、电动汽车对充电装置的要求

（一）安全性

电动汽车充电时，要确保人员的人身安全和动力蓄电池组的安全。

（二）使用方便

充电装置应具有较高的智能性，不需要操作人员过多干预充电过程。

（三）成本经济

成本经济、价格低廉的充电设备有助于降低整个电动汽车的成本，提高运行效益，促进电动汽车的商业化推广。

（四）效率高

高效率是对现代充电装置最重要的要求之一，效率的高低对整个电动汽车的能量效率具有重大影响。

（五）对供电电源污染要小

采用电力电子技术的充电设备是一种高度非线性的设备，会对供电网及其他用电设备产生有害的谐波污染，而且由于充电设备功率因数低，在充电系统负载增加时，对其供电网的影响也不容忽视。

三、电动汽车充电装置的类型

电动汽车充电装置按不同的分类方式也有不同的划分。

（一）按安装位置划分

1. 非车载充电装置

即地面充电装置,主要包括直流充电桩、专用充电机、通用充电机、公共场所用充电站等,它满足各种充电方式。通常非车载充电器的功率、体积和质量均比较大,以便能够适应各种充电方式。

非车载充电机种类繁多,本节以交流充电桩(图 3-27)为例进行讲述。

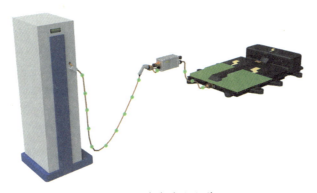

图 3-27 非车载充电装置

交流充电桩具有为电动汽车动力蓄电池安全、自动充满电的能力。充电机依据电池管理系统(BMS)提供的数据,能动态调节充电电流或电压参数,执行相应的动作,完成充电过程。

它具备高速 CAN 网络与 BMS 通信的功能,判断电池连接状态是否正确,获得电池系统参数及充电前和充电过程中整组和单体电池的实时数据。

可通过高速 CAN 网络与车辆监控系统通信,上传充电机的工作状态、工作参数和故障警告信息,接受启动充电或停止充电控制命令。

交流充电桩的充电方式有两种,分别为落地式和壁挂式两种,分别如图 3-28 所示和图 3-29 所示。人机交互界面采用大屏幕 LCD 彩色触摸屏,充电可选择定电量、定时间、定金额、自动(充满为止)4 种模式;显示当前充电模式、时间(已充电时间、剩余充电时间)、电量(已充电电量、待充电电量)及当前计费信息。读卡器用于身份识别,记录电量消费信息。打印机用于消费票据打印。

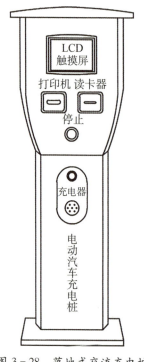

图3-28 落地式交流充电桩

壁挂式交流充电桩外形

图3-29 壁挂式交流充电桩

2. 车载充电装置

车载充电装置是指安装在电动汽车上的、采用地面交流电网或车载电源对电池组进行充电的装置,包括车载充电机、车载充电发电机组和运行能量回收充电装置。它将一根带插头的交流动力电缆线直接插到电动汽车的插座中给电动汽车充电。车载充电装置(图3-30)通常使用结构简单、控制方便的接触式充电器,也可以是感应充电器。它完全按照车载动力蓄电池的种类进行设计,针对性较强。北汽 EV160 车载充电机电气外形如图3-31所示。

图3-30 车载充电方式

图3-31 北汽 EV160 车载充电机电气外形

（二）按充电方式划分

1. 常规充电方式（图 3-32）

该充电方式采用恒压、恒流的传统充电方式对电动汽车进行充电。以相当低的充电电流为动力蓄电池充电，电流大小约为 15 A，若以 120 A·h（例如 360 V，即串联 12 V 100 A·h 30 只）的动力蓄电池为例，充电时间要持续 8 个多小时。相应的充电器的工作和安装成本相对比较低。电动汽车家用充电设施（车载充电机）和小型充电站多采用这种充电方式。车载充电机是纯电动轿车的一种最基本的充电设备。充电机作为标准配置固定在车上或放在行李舱里。由于只需将车载充电器的插头插到停车场或家中的电源插座上即可进行充电，因此充电过程一般由客户自己独立完成。直接从低压照明电路取电，电功率较小，由 220 V/16A 规格的标准电网电源供电。典型的充电时间为 8~10 h（SOC 达到 95%以上）。这种充电方式对电网没有特殊要求，只要能够满足照明要求的供电质量就能够使用。由于在家中充电通常是晚上或者是在电低谷期，有利于电能的有效利用，因此电力部门一般会给予电动汽车用户一些优惠，例如电低谷期充电打折。

图 3-32 常规充电方式

图 3-33 小型充电站

小型充电站（图 3-33）是电动汽车的一种最重要的充电方式，充电机设置在街边、超市、办公楼、停车场等处。采用常规充电电流充电。电动汽车驾驶员只需将车停靠在充电站指定的位置上，接上电线即可开始充电。计费方式是投币或刷卡，充电功率一般为 5~10 kW，采用三相四线制 380 V 供电或单相 220 V 供电。其典型的充电时间是：补电 1~2 h，充满 5~8 h（SOC 达到 95%以上）。

2. 快速充电方式

快速充电方式是指在短时间内使动力蓄电池达到或接近充满状态的一种方法。该充电方式以 1~3C 的大充电电流在短时间内为动力蓄电池充电。充电功率很大，能达到上百千瓦。该充电方式以150~400 A的高充电电流在短时间内为动力蓄电池充电,与前者相比安装成本相对较高。快速充电也可称为迅速充电或应急充电,其目的是在短时间内给电动汽车充满电。大型充电站(机)多采用这种充电方式。电动汽车充电设备主要包括充电站及其附属设施,如充电机、充电站监护系统、充电桩、配电室以及安全防护设施等,如图3-34所示。

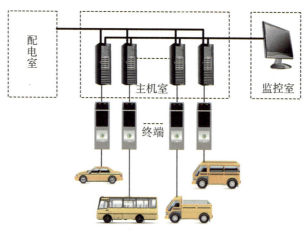

图3-34 快速充电方式

大型充电站(机)的快速充电方式主要针对长距离旅行或需要进行快速补充电能的情况,充电机功率很大,一般都大于30 kW,采用三相四线制380 V供电。其典型的充电时间是10~30 min。这种充电方式对电池寿命有一定的影响,特别是普通动力蓄电池不能进行快速充电,因为在短时间内接受大量的电量会导致动力蓄电池过热。快速充电站的关键是非车载快速充电组件,它能够输出35 kW甚至更高的功率。由于功率和电流的额定值都很高,因此这种充电方式对电网有较高的要求,一般应靠近10 kW变电站附近或在监测站和服务中心中使用。此外,该充电方式在站附近或服务中心中使用,还需采取较为复杂的谐波抑制措施,与前者相比安装成本相对较高,只适合大型充电站使用。

3. 更换电池充电方式

目前,除了以上两种充电方式外,还可以采用更换电池组的方式(图3-35),即在动力蓄电池电量耗尽时,用充满电的电池组更换能量已经耗尽的电池组。动力蓄电池归服务站或电池厂商所有,电动汽车用户只需租用电池。电动汽车用户把车停在一个特定的区域,然后用更换电池组的机器将能量耗尽的动力蓄电池取下,换上已充满电的电池组。对于更换下来的未充电动力蓄电池,可以在服务站充电,也可以集中收集起来以后再充电。由于电池更换过程包括机械更换和动力蓄电池充电,因此有时也称它为机械"加油"或机械充电。电池更换站同时具备正常充电站和快速充电站的优点,也就是说可以用低谷电给动力蓄电池充电,同时又能在很短的时间内完成"加油"过程。通过使用机械设备,整个电池更换过程可以在 10 min 内完成,与现有的燃油汽车加油时间大致相当。

图 3-35　众泰出租车更换电池充电方式

不过,这种方法还存在不少问题有待解决。首先,这种电池更换系统的初始成本很高,其中包括昂贵的机械装置和大量的动力蓄电池。其次,由于存放大量未充电和已充电的动力蓄电池需要很多空间,因此修建一个动力蓄电池更换站所需空间远大于修建一个正常充电站或快速充电站所需的空间。还有,在动力蓄电池自动更换系统得到应用之前,需要对动力蓄电池的物理尺寸和电气参数制定统一的标准,所以换电池方式最终随电池能量密度的提高会消失。

4. 无线充电方式

无线充电方式包括电磁感应式(见图 3-36)、磁场共振式、无线电波式三种。三种充电方式对比见表 3-3。电动汽车非接触充电方式的研究目前主要集中在感应式充电方式,不需要接触即可实现充电,目前,日产和三菱都有相关产品推出,其原理是采用了可在供电线圈和受电线圈之间提供电力的电磁感应方式,即将一个受电线圈装置安装在汽车的底盘上,

图 3-36　电磁感应式无线充电

将另一个供电线圈装置安装在地面,当电动汽车驶到供电线圈装置上,受电线圈即可接受到供电线圈的电流,从而对电池进行充电。目前,这种方式的成本较高,还处于实验室研发阶段,其功能还有待时间验证。此外,非接触式充电方式的原理还包括磁共振和微波等,技术都被日本厂商垄断。

表 3-3 三种充电方式对比

方式	电磁感应	磁共振	微波
充电原理	向地面下的初级线圈提供交流电流,线圈产生交变磁场,感应在底部的次级线圈,次级线圈产生交流电	基本原理与电磁感应相同,只是初级线圈和次级线圈使用同一共振周波,可将阻抗控制在最低,增大发送距离	充电部分和接收部分均采用 2.45 GHz 的微波
使用频率范围	22 kHz	13.56 MHz	2.45 GHz
输出功率	30 kW	1 kW	1 kW
传送距离	100 mm	400 mm	1 000 mm
充电效率	92%	95%	38%
日本研制企业	昭和飞行机工业	长野日本无线	三菱重工业

电动汽车无线充电方式是近几年国外的研究成果,其原理就像在车里使用的移动电话,将电能转换成一种符合现行技术标准要求的特殊的激光或微波束,在汽车顶上安装一个专用天线接收即可。有了无线充电技术,公路上行驶的电动汽车或双能源汽车可通过安装在电线杆或其他高层建筑上的发射器快速补充电能。电费将从汽车上安装的预付卡中扣除。

沃尔沃(Volvo)C30 电动汽车进行感应式充电,电动汽车充电不再需要电源插座或充电电缆,利用感应充电法,电能通过埋在路面内的充电板无线传送给汽车的动力蓄电池,实现从路面直接给汽车充电。这一技术将极大地降低充电时间,以沃尔沃 C30 电动汽车为例,在动力电池完全放电的情况下,给 24 kW·h 大小的动力蓄电池组完全充电,预计仅用 1 h 20 min。

微波充电方式也叫移动式充电。对电动汽车动力蓄电池而言,最理想的情况是汽车在路上巡航时充电,即所谓的移动式充电(MAC)。这样,电动汽车用户就没有必要去寻找充电站、停放车辆并花费时间去充电了。MAC 系统埋设在一段路面之下,即充电区,不需要额外的空间。

接触式和感应式的 MAC 系统都可实施。对于接触式的 MAC 系统而言,需要在车体的底部装一个接触拱,通过与嵌在路面上的充电元件相接触,接触拱便可获得瞬时高电流,其充电过程为脉冲充电。对于感应式的 MAC 系统,车载式接触拱由感应线圈所取代,嵌在路面上的充电元件由可产生强磁场的高电流绕组所取代。很明显,由于机械损耗和接触拱的安装位置等因素的影响,接触式的 MAC 对人们的吸引力不大。

电磁感应式非接触充电系统存在以下三方面的问题:送电距离比较短,如果两个线圈的横向偏差较大传输效率就会明显下降。目前来看只能实现传输距离为 10 cm 左右,而底盘与路面的距离明显与这个距离有着非常大的差距,因此这是一个很大的问题。需要考虑很多的散热问题,比如线圈之间的发热。还有一个问题就是耦合的辐射问题,电磁波的耦合会不会存在大的磁场泄漏。电磁感应在线圈之间传输电力,如同我们的磁铁一样,在外圈有一定的泄漏,人如何避免受影响是个很大问题。线圈之间也是有可能有杂物进入的,还有某些动物(猫狗)进入里面. 一旦产生电涡流,就如同电磁炉一样,安全性问题非常明显。一般来说,利用电磁感应原理的无线供电技术最具现实性,并且现在在电动汽车已有实际应用。

磁场共振式供电目前技术上的难点是,小型、高效率化比较难。现在的技术能力大约是直径 0.5 m 的线圈,能在 1 m 左右的距离提供 60 W 的电力。磁场共振方式则是现在最被看好、被认为是将来最有希望广泛应用于电动汽车的一种方式。

电磁波送电方式,现在则提出了利用这种技术的"太空太阳能发电技术"。这种技术能应用的话,可以从根本上解决电力问题。无线供电,使得电动汽车可以提供这么一种可能:一辆电动汽车从出厂到它报废为止,终生不用你去理会电力补充问题。电动汽车在太阳能电池技术、无线供电技术以及自动驾驶技术的支持下,完全可以颠覆现在的交通概念。若干年以后,在高速公路上,车在自动行驶,而汽车、电脑、手机需要的所有电力都来自从路面下铺装的供电系统,或者来自汽车上的接收装置接收的电磁波。随着电动汽车的发展,无线充电技术必定有着广阔的利用空间。

综上所述,电动汽车的充电还是采用普通充电为主、快速补充充电为辅的充电方式。对于电动公交车而言,充电站设在公交车总站内。在晚间下班后利用低谷充电,时间 5~6 h。全天运行的车辆,续驶里程不够时,可利用中间休息待班时间进行补充充电。充电机的数量和容量根据车队的规模而定,充电站由车队管理。1~3C 的快速充电模式,已经在探讨应用,但应在确保电池的安全和使用寿命的前提下进行。

四、未来其他前沿技术

Altair 纳米技术公司为电动汽车开发的锂离子电池可以极快的速度充电,容量高达 35 kW·h 时的电池可以在 10 min 之内充电完毕,安装这种电池的载人小汽车可以续驶 160 km。10 min 之内把 35 kW·h 的电池充电完毕需要 250 kW 的充电功率,这是一栋办公大楼最大用电负荷的 5 倍。

麻省理工学院研究人员发明了一项充电材料表面处理技术,利用这种新技术制造的手机电池可以在 10 s 内完成充电,汽车电池可在 5 min 内充好电。一块锂电池完成充电一般需要 6 min 或更长的时间。但传统的磷酸铁锂材料在经过表面处理生成纳米级沟槽后,可将电池的充电速度提升 36 倍(仅为 10 s)。麻省理工学院说,由于这项技术不需要新材料,只是改变制造电池的方法,所以用两三年时间就可以将这项技术市场化。

据索尼公司官方新闻稿表示,索尼公司已经开发出了一种快速充电锂电池,仅需半个小时就能让电池充电 99%。比功率可达 1 800 W/kg,并可延长 2 000 次循环充放电寿命。这种电池采用磷酸铁锂作为阴极材料,以增强阴极的晶体结构并能保证其高温状态下的稳定性。通过与索尼公司新设计的粒子技术阳极材料组合,该电池可以有效降低电阻,并提高输出功率。

V2G 是 Vehicle-to-grid 的简称,它描述了这样的一个系统:当混合动力电动汽车不再运行的时候,通过链接到电网的电机将能量卖给电网,反过来,当电动汽车的电池需要充电时,电流可以从电网中提取出来给到电池。

一、常规(交流)充电模式

将车行驶到可连接到电源的位置。

1. 找到电源位置,选择适合插头的插座

市面上大多数为电动汽车配备的充电线的插头为 16 A 或 10 A 的规格,一般普通电源插座为 10 A,大功率的插座为 16 A。不同电流插座与插头并不兼容。

2. 连接充电插孔

常规充电属于慢充电模式,慢充应选择 7 脚插孔。

充电电流较小,一般为 16~32 A,电流可用直流电或者两相交流电和三相交流电,因此,根据电池组容量大小充电时间为 5~8 h。

尽管常规充电模式缺点非常明显,充电时间较长,但其对充电的要求并不高,充电器和安装成本较低;可充分利用电力低谷时段进行充电,降低充电成本;更为重要的优点是可对电池深度充电,提升电池充放电效率,延长电池寿命。

二、快速(直流)充电模式

将汽车行驶至指定快速充电站。

将充电枪连接至 9 脚插孔。快速充电模式的电流和电压一般为 150~400 A 和 200~750 V,充电功率大于 50 kW,可在 40 min 左右使电池充至 80% 电量。此种方式多为直流供电方式,地面的充电机功率大,输出电流和电压变化范围宽。快速充电的电流电压较高,短时间内对电池的冲击较大,容易令电池的活性物质脱落和电池发热,因此对电池保护散热方面有更高的要求,并不是每款车型都可快速充电。

三、无线(未来)充电模式

现在受制于技术成熟度和基础设施的限制,无线充电技术暂时没有大批量生产应用。业内主流的无线充电技术主要采用电磁感应和磁共振方式传递电能,磁共振方式充电效率更高,而且电磁辐射强度更低,比手机通话时强度要小,更重要的一点是送电线圈与受电线圈无须非常对齐,这一点是电磁感应所不及的。

无线充电模式未来应用的前景无法估量,肯定的是不再是现阶段"伪"无线充电那样需要停在固定位置进行充电。未来将能边走边充电,电能可能来自路面铺装的供电系统,或者来自汽车上接受的电磁波能量。

思考与练习

一、判断题

1. "相控型充电装置"指的是(　　)。
   - A. 三相 380 V 交流电源经熔断器、热继电器和交流接触器接至隔离变压器,由接在隔离变压器二次绕阻上的晶闸管三相全控桥进行调压
   - B. 由若干个高频开关整流模块并联组成
   - C. 由主电路、调整控制电路和辅助电路三部分组成
   - D. 整流变压器一次绕组接三相 380 V 交流电源,二次绕组输出的电压接至自饱和电抗器,调整磁饱和电抗器的磁饱和放大倍数,从而在充电装置的输出端取得负载所要求的电压值

2. "通过充电器输入动力蓄电池的能量,单位为 W·h"指的是(　　)。
   - A. 交流充电能量
   - B. 动力蓄电池充电能量
   - C. 充电电流
   - D. 动力蓄电池电流

3. "充电连接器"指的是(　　)。
   - A. 给电动汽车充电的连接线
   - B. 提供直流电能的装置
   - C. 对充电过程进行控制的装置
   - D. 充电电缆与电动汽车的连接装置

4. 下列描述错误的是(　　)。
   - A. 电动汽车充电装置要具有安全性
   - B. 电动汽车充电装置具有不方便性
   - C. 电动汽车充电装置要具有高效率
   - D. 电动汽车充电装置要对供电电源污染小

5. 下列对非车载充电装置描述正确的是(　　)。
   - A. 采用地面交流电网
   - B. 使用结构简单、控制方便的接触式充电器
   - C. 可通过高速 CAN 网络与车辆监控系统通信,上传充电机的工作状态
   - D. 功率、体积和质量均比较大,以便能够适应各种充电方式

二、连线题

将文字与相对应的图片连线。

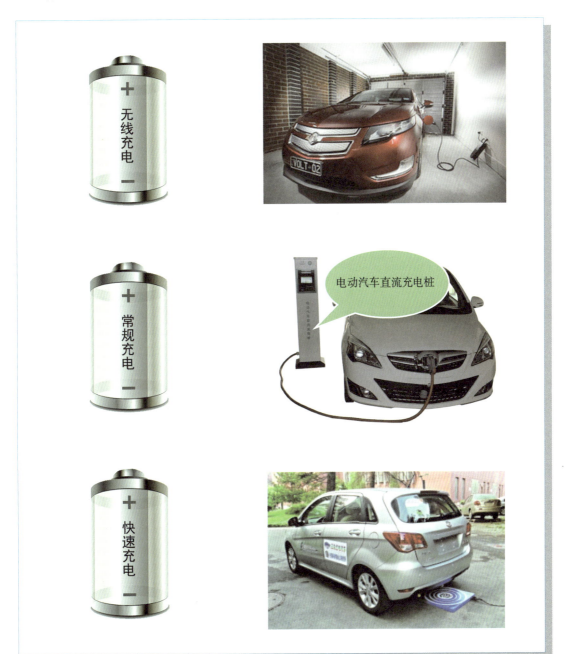